U0580567

山东省全省党校（行政学院）系统课题"塑造中华文明特性的齐鲁文化元素研究"（批准号：2023XTN024）阶段性成果

山东省人文社会科学课题一般项目
"齐鲁文化的开放包容研究"阶段性成果

齐鲁文化与治国安邦 | 张文珍 王凤青 主编

齐鲁文化中的
开放包容

王金伟 著

人民出版社

目　　录

绪　论

　　齐鲁文化从地域的角度看大概相当于"山东文化"，是中华文化的若干分支之一。齐鲁文化孕育于海岱之间，形成了显著的特性，深蕴开放包容的禀赋气质。

（一）海岱之间的开放格局

东临大海、西依内陆，齐鲁地理位置独特。而一边以半岛伸入海域，三面可通无垠大海；一边紧依广阔的华北平原，沃野平畴千里，却又在其中嵌入一簇突出的山丘——大自然的鬼斧神工造就了多样地貌。这里平原、海洋、山地、丘陵、台地等兼备，多种地貌交错并存的自然条件堪称先天的"优势"，也为文明包容的开放格局的形成奠定了基础。后世众所周知的"山东好客"，大概正源于这种积极开放的精神气质。

1.连海岳、平野阔

齐鲁作为中国区域范围的名称，始于先秦的齐、鲁两国。尽管先秦时期今山东大地上诸侯国林立，但齐、鲁乃其中大宗。粗略地看，以泰沂山脉为界，齐国在东北，以临淄为都，控制今山东大片土地；在西南，鲁国以曲阜为都，控制着较小的一片土地。战国后期楚灭鲁、秦灭齐。行政区域概念上严格意义的"齐鲁"已不复存在，但因为文化的一体化，"齐鲁"形成一个统一的文化圈，由统一的文化圈形成了"齐鲁"的地域概念。这一地域与后来的山东省范围大体相当，成为今天山东的代称。

齐鲁之地据有古九州中的青州、兖州及徐州的大部。其中，青州因为地处东方，而东方主春、主木，故曰"青"。《尚

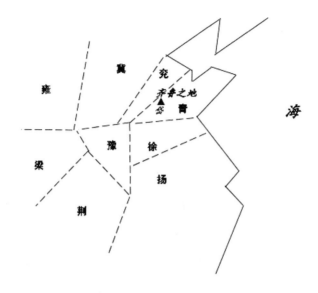

| 古九州及齐鲁之地位置折线示意图（本书作者绘制）

书·禹贡》载："海岱惟青州"，起自渤海以南、泰山以北，涉
及胶东半岛周边的一片区域就属于这一州。所以，很多时候也
把今天的山东和常说的齐鲁，视为"海岱之间"的地域。大海
与山丘之间，是其地理位置的形象描摹，而多样的地貌是这里
文化形成的物质基础。地处鲁中腹地的青州是齐鲁具有代表性
的历史文化名城。青州沿用古州地名，有 7000 余年的发展史、
5000 余年的文明史，历经 12 年国都（十六国时期慕容氏南燕
建都于此，为广固城）、1000 多年省会、1600 多年府衙、2200
多年县治，堪称华夏的"缩影"，也是齐鲁古地悠久绵长、包
容"大气"风貌的写照。

知识链接

古九州

作为一种古代的地理称谓，"九州"既分别指古代中国不同区域的九个州，合在一起又泛指整个中国，甚至还能够指称古人认识中的全世界——尽管实际上世界的大部是未知的。比如陆游诗中"但悲不见九州同"、龚自珍诗中"九州生气恃风雷"就指整个中国、华夏。

按照《尚书·禹贡》的记载，九州顺序为冀、兖、青、徐、扬、荆、豫、梁、雍。《尔雅》中，有幽州、营州，而无青州、梁州。《周礼》中，却有幽州、并州，没有徐州、梁州。不同版本中，各州的排序不一样，地理范围也颇有差异。比如有的版本，将青州合并入徐州，将梁州合并入雍州，冀州之地被分出了营州和幽州。九州之说，起于大禹时代，后世又不断有新的认识。其最初专指汉地，后来也有所延展，大概王朝所及之地都可以容纳。秦汉之后，州的数目又有所扩增。如西汉有十三州。"州"与"郡"等也成了后世重要的行政区划。

地理环境是孕育特定类型的文化的先天条件和物质基础，对文化的塑造有重要作用。自然生态与地理环境不仅影响着人们的生活方式和经济活动，还深刻地影响着其思想观念、社会结构以及文化传承。马克思在《资本论》中指出："外界自然条件在经济上可以分为两大类：生活资料的自然富源……劳动资料的自然富源……在文化初期，第一类自然富源具有决定性的意义；在较高的发展阶段，第二类自然富源具有决定性的意义。"① 所以，不同的地域文化的形成，要首先从其所在的自然地理条件中寻找原因。

齐鲁之地地貌复杂，从大的格局上分为半岛、内陆两大部分。半岛临海，孕育了海洋文化。春秋时期，齐国的势力范围就延伸到大海，掌握了临海的资源，甚至有"海王之国"之称。意思是齐国富有海洋和陆地的资源，能够垄断山海之利，因此可以称王天下。《管子·海王》中说："海王之国，谨正盐筴。""海王"，亦作"山海王"解，是一种古代的财政经济术语。因为盐是从海中产出的，而铁是山中的矿藏产出。所以，有山有海就有很大的本钱。无论在什么时代，盐、铁都是人们生产生活的必需品，尤其在古代，垄断了山海资源，是称王天下的重要前提。《史记·平准书》中记载，齐桓公用管仲之谋，"通轻重之权，徼山海之业"，由此称霸诸侯。由于濒临大海，为了争夺海洋资源，春秋时期齐国和吴国甚至在今青岛东南部海域爆发了中国历史上第一次海战。这都是海洋因素的重要体现。

内陆地区有平原、台地、丘陵、山地等多种地貌类型，具体又可以分为平原和山地两大类型。高山和平原地域存在的差异就体现出了文化的不同。一般来说，山地自然环境相对艰苦，这样的区域中人们往往形成重团结、讲勤劳、有韧性的文

---

① 《马克思恩格斯选集》第2卷，人民出版社2012年版，第239页。

化。相比而言，山地文化偏于保守。而平原地区地势平坦、资源丰富，人们生活的条件比较好，因此脑筋比较灵活，也善于变通，重视商业活动和技术创新。

唐代开元年间，诗人杜甫东游齐赵，登兖州城楼，写下了一首登高怀古的诗。这大概是杜甫写在齐鲁大地的第一首诗，其中写道"浮云连海岱，平野入青徐"（《登兖州城楼》），择要式地概括了齐鲁大地特殊的地理风貌。正是特定的自然条件孕育了齐鲁文化的开放格局与包容特性。总体上来看，齐鲁之地历来是中国比较富庶发达之地。这固然是世代先民以辛勤的劳动换得——经得住山风海浪的洗礼，才能在筵席上奉献出"山珍""海味"的佳肴美馔。但没有靠山临海的自然条件，巧妇也难为无米之炊。所以"金山银山"还有赖于"绿水青山"，这是"大自然的馈赠"。

2. 接南北、跨夷夏

中华大地疆域辽阔，中华文明的地理经纬度跨度都很大。因此，从地域角度可以把中华文化分为若干个小区，或者称为"文化圈"。比如分为燕辽、中原、山东、江浙、西南、南方六个文化区；或北方、中原、东方、西南、东南、南方六大"文化区系"；又或分为中原文化圈、北方文化圈、齐鲁文化圈、楚文化圈、吴越文化圈、巴蜀滇文化圈、秦文化圈七个"文化圈"。齐鲁文化（山东文化）区是其中重要一方，而且位置很特别。如果打开地图，齐鲁文化所在的地理区位就能一目了然。在这个全局中，齐鲁之地北望京津、南接江淮、西依平原、东临大海，位于黄河下游，处于各地域文化板块的连接地带。

若分中华文化的南、北，大致以长江为界，长江以北属于北方文化，长江以南属于南方文化。齐鲁地区总体上属于北方，但也受到南方文化的影响。南北文化存在一定的差异，其中齐鲁恰位于南北方交接地带，在一定程度上包容了南北方的不同特点。

若换一种视角，中华文化又有所谓"夏"和"夷"的区别。上古民族群体中，以中原为主要历史舞台的炎帝族、黄帝族合称"华夏集团"，海岱地区的族群称为"东夷集团"。夏居中，夷在边缘，最初这是一种客观的地理分布。周朝建立，王室与其所建立的诸侯封国，称"诸夏"。但由于中原地区通常较为发达，文化比较先进，重衣冠礼仪，如《春秋左传正义·定公十年》所云，"中国有礼仪之大，故称夏"。孟子所谓"用夏变夷"大抵也主要是指用较为进步的礼仪文化来影响、改善相对落后的地区或群体成员。夏与夷的区别，又有些像农耕文化和游牧文化之区别。后来的"夷夏之辨"发展成为审美风格的区别，甚至上升为价值的判断，这并不是合理的取向。当代的生理特征等区分民族的手段不适用于"夷夏之辨"，"夏—夷"也不等同于"汉族—少数民族"，随着民族的逐渐融合，也不能严格区分中华民族各支脉。比如，周代诸侯国吴国相传是周太王后裔、纯正姬姓，但因断发文身的习俗和地居南方等缘故，就视之为"夷"。东夷也为中华民族贡献了很多贤君，如虞舜就是当时的天下共主。所以，"夷夏之辨"本身就具有一定的开放性，这是多民族成功融合的基础。就民族共同体而言，毋宁说，"华夷"或"夷夏"是一种并称，统指整个中华民族。而如果依最早的地理分布标准，齐鲁又是跨越夷夏的。

齐鲁文化接南北、跨夷夏的区位，是其形成的物质条件。齐鲁文化要容纳不同的地理环境在自然发展中形成的不同气质，也要接受在长期的社会发展中形成的不同地区的风俗习惯。这注定了齐鲁文化必然熔铸形成一种具有高度开放性系统的文化。

（二）与生俱来的包容气质

1. 起步就"阔气"

传统蒙学教材《三字经》中有一句"夏传子，家天下"，说的是夏禹死后其儿子启继承王位，从此世袭制代替了禅让制，"公天下"变成了"家天下"。"上古中国，真正的王权是夏商西周王朝国家之王支配天下的最高统治权，它与三代多元一统的复合制大国家结构联系在一起，它的诞生以夏王朝的出现为标志。"[1] 这对于理解"三代"的政治制度很有帮助。如果

---

[1] 王震中：《中国王权的诞生——兼论王权与夏商西周复合制国家结构之关系》，《中国社会科学》2016年第6期。

不计较"家"作为大夫封地的意思，周王朝也是一种"家天下"的建构。诸侯邦国在其中起到了重要作用，而诸侯国齐、鲁的地位决定了齐鲁文化从一开始就非常"阔气"。

周王朝建立，从人类文明进程上论，处于奴隶制的阶级社会。在这样一种与现代民主制度完全不同的制度下，王朝的"家天下"决定了宗法血缘关系成为依赖的根本依据。不同于殷商常采用的"兄终弟及"，周朝奉行"父死子继"，国家权力是在父与嫡长子之间传递交接。周实行分封制，周天子为天下共主，诸侯国则是由天子赋予权力、在地方施行统治的体现，如《左传·僖公二十四年》所说，"封建亲戚，以蕃屏周"。家国同构，王朝以一种由上而下、从内而外、以干驭支的"联动"方式，来运行国家机器。

对于诸侯国来说，王朝立制，"名"决定"位"。周王朝运用国家权力进行分封，其原则显而易见是"亲疏 + 功劳"。

一是关系亲疏。分封首先考虑与周王室血缘关系近的，主要是同姓的。如《荀子·儒效篇》记载："兼制天下，立七十一国，姬姓独居五十三人"。周朝分封的邦国国君中超过七成是天子同姓。

二是功劳大小。这包括实际的战功，主要是在周朝建立过程中，如武王伐纣灭商的战争中的功劳。也有一些"虚功"，比如古代贤君圣王的后代，有传衍血脉的功劳。如被封到商都朝歌附近的武庚，是商王帝辛（纣王）的儿子——这是前朝王子。因为周人取得了政权后，根据当时人们"灭国不绝祀"的原则，为了表示不灭绝前朝血脉、不断香火，也对已灭亡的殷商王室进行了加封。封武庚就是为了安抚殷商遗民。当然后来武庚企图"复国"，"策反"了原本监视他的三监，制造了叛乱，最后兵败身死。即使这样，周朝也没有放弃殷商血脉，转而以纣王庶兄微子继承殷祀，在宋（今河南商丘）建国，史称宋国。而且，给予了宋国君以公爵。我们熟知的周朝爵位的五级——公侯伯子男，其中公是最高的。又比如陈国，封的是虞舜（就是尧舜禹中的大舜）的后代，后来孔子"厄于陈蔡"就是这个陈。而周天子还封了大禹、少昊、颛顼等上古帝王的后代，秦国、楚国就是这类。

依据这套分封的原则，齐和鲁都获得了在诸侯邦国中的重要地位。

齐国的开国国君是太公姜尚（姜子牙）。他被封，依靠的有三条。第一也是最主要的是实际的战功。姜子牙是灭商大业的总军师和前线军事指挥，被周武王尊为"师尚父"。早在被西伯侯姬昌（也就是周文王）起用时，就拜为"太师"，是武王之师。史书记载说"迁九鼎，修周政，与天下更始，师尚父谋居多"（《史记·齐太公世家》）。也就是周朝能取得天下，姜尚在群臣中起到的作用最大。第二，姜子牙有"师尚父"之称，还因为他是武王的岳父。他的女儿邑姜是武王之后、成王的母亲——姻亲的关系是姜太公受封的第二个条件。第三，太公是姜姓、吕氏。姜姓是炎帝部落的后代。也可以说，他也算"名门之后"。所以"师尚父（姜太公）为首封"，是有来由的。

鲁为宗亲，拥有"全套家当"。周朝既是"家天下"，则最亲的莫过于"家人"。受封为鲁国首君的周公旦，是周文王的儿子、武王的弟弟、成王的叔叔。周公是实打实的宗亲，不仅是同姓姬姓，而且是几代天子从血缘上最亲近的。"身份"决定了"待遇"，正如《左传·庄公十八年》记载的："王命诸侯，名位不同，礼亦异数"。在政治地位上，周公实际上是辅佐天子的"相"或"尹"。封国中，鲁国也获得了很高的封赏。《左传·定公四年》中详细记载了周公获得的极为丰厚的封赐："分鲁公以大路、大旗，夏后氏之璜，封父之繁弱，殷民六族：条氏、徐氏、萧氏、索氏、长勺氏、尾勺氏。使帅其宗氏，辑其分族，将其类丑，以法则周公，用即命于周。是使之职事于鲁，以昭周公之明德。分之土田倍敦，祝、宗、卜、史，备物、典策，官司、彝器。"由此可见，周天子给予周公和鲁国的，不仅有"虚的"如代表王室的旗子、车子、传世宝器，还有"实的"如土地、人民、官吏等。周成王赋予鲁国"郊祭文王""奏天子礼乐"的资格，不仅仅是对周公旦功劳的一种追念，更是希望作为宗邦的鲁国能够"大启尔宇，为周室辅"。这是近距离之邦——鲁国在政治上的优势。

齐鲁之封，实在是当时形势之需、周朝实现统治必要。周在征服东方诸国后，为有效地控制广大疆土，实行了分封政策。而其中尤以东方之地为要。一是周的大本营在西部，这里是较远的东方，要想有力地掌控中原地区就不能不顾好东方。二是中华文明的根脉在泰山周边。周朝要延续文明，就必须把握好海岱地区。三是殷商起自东夷，灭商后要遏制其死灰复燃，建设新文化，必须占好东方。姜太公与周公这两位，一是灭商统帅，一是安邦首辅，都被封于东方，地位显著。甚至可以认为，封齐鲁则封天下，齐鲁平则天下统。

从建国伊始，齐国和鲁国就负有重要使命，这也使得它们不会安居于小国寡民，潜意识中要求积极作为，有包容的气魄。

2.最终成"主导"

有人把中华文明称之为黄河和长江共同孕育的文明。黄河同长江一起哺育了中华文明，而其中黄河对于中华文明的形成又厥功至伟。

中国的气候是温带性的，文化始自黄河大平原，然后至于长江流域。黄河文化又堪称中华文明奠基期的"主脉"①。早在上古时期，炎黄二帝的传说就产生于黄河流域。5000多年的中华文明史，有3000多年全国政治、经济、文化中心在黄河流域，西安、郑州、洛阳、开封等古都就是代表。黄河文化孕育、培植了夏商周三代以"礼制"为主脉的文化、制度体系和思想理念，对"四大发明"和诸多文明经典著作的诞生发挥了核心作用。黄河对于塑造中华民族的民族品格也起到了重要

---

① 王志民：《黄河文化主脉说——论中华文明奠基期的黄河文化》，《山东师范大学学报（社会科学版）》2022年第6期。

作用。

有人把中华文明的早期排布描绘为"满天星斗"，而其汇成一条主脉，就是黄河。从考古的角度看，长江流域在三代时期的文化偏于弱势，甚至有所断环，其巨大历史贡献是通过融入黄河文化来实现的。大量的考古发现和研究表明：中原地区和东方（以山东为中心）海岱地区的文化交流最为密切、广泛和强势，正是这两个区域文化的高度交会融合，形成了一条黄河文化主脉。这条主脉对其他区域文化产生了强烈吸附力。

 知识链接 ┄┄┄┄┄┄┄┄┄┄┄┄┄┄┄┄┄┄┄┄┄┄┄┄┄┄┄

海与岱

《尚书·禹贡》云："海岱惟青州"。大海、岱岳是界定古青州之地的重要地标。在古人的观念里，"海"既是自然的，也是人文的。当时人们认为，"中国"就是在世界的中央，而大陆的东、南、西、北各个方向都是茫茫海洋，所以也有"四海"之说。比如《尚书》中就提到大禹"敷于四海"，也就是对四海进行了治理。这里"四海"与"九州"一样都是泛指，而且"四海"包围着"九州"，中间有人的群体以及群体首领。一方面，人们知道陆地的尽头是茫茫无际的大海（譬如曹操"东临碣石，以观沧海"）——这也就是自然意义的海洋；另一方面，那时候人们不具备现代人意识中的"领海"概念，以陆地作为人类统治的主要目标，海更像是一种"次要"的存在，"四海"同"八荒"一起是人类活动的边界——这则是人文意义的。

岱，是泰山的古称之一。而作为汉字，"岱"只有一个义项，就是泰山，早期古书中也写作"太山"。由于古汉字的转注、假借等用法，"太"与"泰"、"代"与"岱"、"岱"与"岳"互相变通，所以实际上"泰山""岱山""岱宗""岱岳"指的都是同一座山。泰山被奉为"五岳之首""五岳独尊"，甚至有人将其与西方有着悠久历史文化底蕴的奥林匹斯山相提并论。泰山被联合国教科文组织公布为世界文化与自然双重遗产，这是我国的首例。从自然地理的角度看，泰山雄起于华北平原的东部，东临大海，西靠黄河，是齐鲁大地上的一条"龙脊"，自然风光、地质奇观和谐相融。而从历史文化的角度看，泰山又被视为神山，帝王告祭、百姓崇拜，在政治、宗教、文化、民俗等诸多方面成为中华文明的重要标识和象征，更是齐鲁文化的核心地标之一。

齐鲁文化正孕育于海岱之间，具有独特性，呈现出开放包容的气象。

中国历史上，在不同的历史阶段有多个文化中心。而山东在先秦是中国文化的中心。齐鲁文化在中华文明发展史上具有特殊地位：为孔子及儒家思想的形成发展、诸子百家之学的兴起、秦汉大一统帝国的建立及汉代经学的繁荣作出了独特贡献；汉代以后两千余年，齐鲁文化以"圣地"的文化气象，成为民族文化认同的标志、维护国家统一的精神支柱、历代中国人向往的精神家园以及传统道德文明的示范之乡，深深影响了中国文化的发展和民族精神的传承。

习近平总书记指出，"儒家思想在中国思想文化领域长期取得了主导地位"①。而从儒家文化与齐鲁文化的密切关系来推论，"主导"的评价堪称对齐鲁文化地位的一种精辟概括。傅斯年说："自春秋至王莽时，最上层的文化只有一个重心，这一个重心便是齐鲁。"②而儒家思想作为齐鲁文化在汉以后极为显著的部分，表明了齐鲁文化作为主流之一的地位。也有的学者认为，齐鲁文化实际上就是从"地域文化向主流文化的转变"③。居于主流主导的一种文化，不可能是偏颇局限的，不可能是狭隘排他的，它必然呈现出突出的包容性。齐鲁文化从孕育到形成，有与生俱来的包容气质。

"孔子登东山而小鲁，登泰山而小天下"，这是《孟子·尽心上》里面的话。从字面上看，孟子说，孔子登上了东山，鲁国变小了；而登上了泰山，天下由是变小了。从内在含义上理解，这是一句富有哲理的话。不是鲁国和天下真的变小了，而是因为登高望远，山水尽在眼底，原来很庞大的事物在视野中相对缩小了。不识山水面目，因为身在其中。而如果升高视

---

① 《习近平著作选读》第一卷，人民出版社 2023 年版，第 282 页。

② 傅斯年：《夷夏东西说》，见刘梦溪主编：《中国现代学术经典·傅斯年卷》，河北教育出版社 1996 年版，第 237 页。

③ 孟祥才、胡新生：《齐鲁思想文化史——从地域文化到主流文化》，山东大学出版社 2002 年版。

点，视野愈加宽广，山水就更加能够把握了。后世的"诗圣"杜甫诗咏泰山云"会当凌绝顶，一览众山小"，正是这个道理。说孔子因为身登高山而胸怀天下，是对儒家开放包容的一种艺术表达。事实上，孔子也确乎在泰山一带有较多的活动。春秋时期，泰山位于齐鲁两国的交界之地，是两方来往常经之地。泰山是齐鲁文化遗存的重要代表，孔孟的言行又是齐鲁文化气质与特性的鲜明写照。在客观世界里，在高山大海面前，人是渺小的。但人能发挥积极主动的主观能动性，因此能改造客观世界。文化由人创造，同样具有巨大的力量。

一、因革损益：齐鲁文化开放包容的形成基础

当被学生子张问道"今后十代的事情可以预先知道吗"时，孔子很肯定地作出了回答。在孔子看来，殷商继承了夏朝的礼仪制度，所废除减少和创新增加的内容是可以知道的；周朝又继承殷商的礼仪制度，所废除减少和创新增加的内容也是可以知道的。由此推断，将来继承周朝的，就算是一百代以后的情况，也是可以预先知道的。文化就是这样，薪尽火传，连绵不绝，有章可循。齐鲁文化正是在因袭与革新、"损"与"益"的协调中不断形成、发展，不断向前。齐鲁文化的开放包容，正是几种不同的文化资源共同熔铸而成。

（一）东夷文化

1.东夷文化的由来

东夷文化是中华文明的重要源头之一，产生发源于泰沂山区、覆盖范围在今山东大部分地区。从距今八千多年的后李文化开始，东夷人创造了北辛文化、大汶口文化、龙山文化、岳石文化等。东夷文化中，也有图腾崇拜，许多工艺技术也获得了发展，对外传播广泛。东夷文化为灿烂的中华文化的形成作出了重要贡献。

"东夷"之"夷"，属于族群上的概念，又有狭义和广义的不同。狭义角度，"夷"专指生活在东方的族群。按照地理的分布，把夷、蛮、戎、狄整齐划一地分配于东、南、西、北四方，围绕着中心地带。这是一种很"中国"也很"传统"的表现方法。《礼记·王制篇》中说："中国、夷戎五方之民，皆有性也，不可推移。东方曰夷……南方曰蛮……西方曰戎……北方曰狄……中国、夷、蛮、戎、狄，皆有安居。"这就是按照地理分布命名的，所以"夷"必然在"东"，"夷"必是"东夷"。

而从广义角度，"夷"有时又是一种泛称，指称非"华夏"的族群。《左传·定公十年》记载了孔子的话："裔不谋夏，夷不乱华。"这里的"夷"就与"华"相对，泛指非华夏的族群。这种泛称有时也用"蛮夷"或"夷狄"的形式表述。如《公羊传·成公十五年》："《春秋》……内诸夏而外夷狄。"《左传·僖公二十一年》中又说:"任、宿、须句、颛臾,风姓也,实司大皞与有济之祀,以服事诸夏。"这里,"夷"又与"夏""诸夏"相对,"夷狄"和"蛮夷"的表述从泛指一个方向的族群扩大到四方。夷又有所谓"九夷"之说,就是说有九种"夷"。具体是哪九种,有的文献说是畎夷、于夷、方夷、黄夷、白夷、赤夷、玄夷、风夷、阳夷;有的说是玄菟、乐浪、高丽、满饰、凫臾、索家、东屠、倭人、天鄙。或许这里的"九"是个虚数,只是表明有很多,不一定必须是九个。

因此,如果以"夷"和"东夷"作为相对应于华夏而存在的族群,就要以夏代作为重要的节点。因为在夏朝之前,禅让制产生的天下共主是在华夏集团和东夷集团中交替选择的。这样的情况下,华夏与东夷的差别就没有那么明显。但夏之后,这种差别就清楚地被认识到了。由此进而形成了所谓"华夷之辨"。这就超出了以地理因素来称呼族群的标准,而上升到民族文化了。

有了宽泛的所指和具体指向两种,"夷"在专指东夷时,也就需要明确"东夷"这一称谓了。《左传·僖公四年》中载:"师出于陈、郑之间,国必甚病。若出于东方,观兵于东夷,循海而归,其可也。"这里,专言"东夷",位于东方是明确的。而《左传·僖公十九年》的"夏,宋公使邾文公用鄫子于次睢之社,欲以属东夷",这里的"东夷"说的也是春秋时期海岱地区尚未被中原民族同化的土著族群。《左传》中屡次出现的"东夷",大多属于这种情况。夷专指东方,不过具体的历史时期有所不同，有时候指周代，有时候向前拓展到殷商时期。

齐、鲁两个诸侯国的建立，原本就有为周王朝治理东方地区的目的。封齐、鲁于东方，是以周朝最强有力的两方诸侯来镇抚殷商势力最雄厚的东部地区。并且，因为太公本是夷人，让他来治齐算是一种"以夷治夷"。

2. 东夷文化的人物

从《竹书纪年》和《后汉书》中对于东夷的记载可知，夷有九种。东夷是一个庞大部族和部落联盟，但非一个完整、统一的部落，而由大大小小很多个部落组成。

上古时华夏民族初步形成，先后有诸多著名的部落或部落联盟首领，如"三皇五帝"。其中就有不少是东夷部落的首领，如太昊、少昊、蚩尤和舜。其中最具有代表性的是舜。

舜，传说中父系氏族社会后期部落联盟领袖，东夷族，姚姓，一作妫姓，号有虞氏，名重华，史称"虞舜"，"三皇五帝"之一。舜生于东夷之地。《孟子·离娄下》说："舜生于诸冯，迁于负夏，卒于鸣条，东夷之人也。"诸冯，一般认为在今山东诸城。今天的诸城，在文化宣传中的一张重要名片就是"舜帝故里"。舜早期的主要活动地也在东夷。《吕氏春秋》和《史记》等都记载，舜"耕历山，陶河滨，渔雷泽"，据考证，这些地方大致在海岱大地上，"历山"就是今天济南的千佛山。舜被认为是齐鲁历史上早期的代表性人物，也是一位任贤举能、知人善任的著名君主。

舜的帝位是从尧手中接过来的，舜也被认为是"五帝"的最后一位。黄帝是古华夏部落联盟首领，其后是颛顼，后来帝位又传到了帝喾。这几位明君在位时环境较好，因此人才辈出。舜辅佐尧，敏锐地发现了"八恺八元"家族中贤人的才能，起用了他们。舜的任贤使能造就了百业兴旺、政通人和的繁荣局面。

虞舜在齐鲁文化中具有重要的地位。儒家创始人孔子和继承者孟子最推崇的上古人物是尧、舜、禹，并在其思想体系中建构了尧舜禅让的理想式的制度。舜对于儒家，又有特别的意义。儒家的学说重视孝道，舜的传说也是以孝著称，所以他的人格形象正好成为儒家伦理学说的典范。舜帝被称为中华道德文化鼻祖，如《史记·五帝本纪》所载："天下明德，皆自虞舜始"，视之为中华核心价值观建构的第一人。舜文化"德为先，重教化"，在中华文明的发展史上具有重要意义。

3.东夷文化的传承

东夷文化大致上经过了"五帝"时代、夏代、殷商的不同时期。虞舜对于东夷文化的传承起到了巨大的作用。其中最为重要的原因是他由东夷之人成为华夏集团的盟主，为当时的天下所供奉。他从东方来到中原，有力地促进了夷地文化习惯与中原文化习惯的交流。夷与夏有别，两者的关系也是既有对立冲突的一面，也有交往交流乃至相互影响、相互转化的一面。东夷文化在交流中获得了传承。

在夏商时代，今山东地区诸多东夷古国林立，东夷文化仍然有强大的影响力。这可以从考古发现中得到印证。而且，夏、商文化与东夷文化关系密切，其中也融合了许多东夷文化的因素。比如在夏王朝前后的东、西文化交流中，夏文化中也保留了以东夷为盟主的虞舜时代"贡"的制度。而商部族本来就起于东方，商人的祖先与东夷的太昊部落渊源很深，甚至连玄鸟图腾都是由其沿袭而来的。夏商王朝的兴衰，与夷夏文化在冲突中交流融合的过程是大致契合的。

殷商晚期，在潍淄流域与汶泗流域分别盘踞着薄姑、商奄等方国，它们甚至还在后来反抗周王朝的统治，动机可能是维护夷地的文化习惯，抵抗外来的周文化的统治。

齐鲁文化在对东夷文化的传承中逐渐形成。周朝建立，齐、鲁被分封于东方，也是在商代时候两个文化发展水平高的区域。《淮南子·地形训》中说"东方有君子之国"，而《山海经·海外东经》也说"君子国……其民好让不争"。在当时，人们就认识到东夷地区民风敦厚和平。尽管随着时代剧变，东夷文化没有了先前的环境，但却对后来的齐鲁文化产生重要的影响。鲁地的"商奄之民"主要是东夷人。按照《论语》里所记载的，孔子还曾经有到九夷之地居住的想法。别人说那地方很僻陋，不能住。孔子却说，君子住在那里，就不会僻陋了。无怪乎后世的人专门引用孔子这话，来证明"斯是陋室，惟吾德馨"了。《说文》解释说："夷，从大，大人也。夷俗仁，仁者寿，有君子不死之国。"《后汉书·东夷列传》中载"言仁而好生，万物柢地而生。故天性柔顺，易以道御，至有君子、不死之国焉"，把"夷"与"柢"联系起来，从树木主根的角度阐释东夷人秉性温柔，敦厚和平，讲究礼让，崇尚仁德，乃至有君子之风。东夷文化有"仁"的传统，这对孔子产生了影响。有人认为，孔子往居九夷是因为失望于"中国"没有能实现他政治理想的明君，而东夷却有可以借鉴之处。这与"乘桴浮于海"的原因"道不行"很接近。

 知识链接 ••

三皇五帝

"三皇五帝"是对早期中华文明作出突出贡献的人物"三皇"与"五帝"的统称，其所指历来众说纷纭。综合各家说法，"三皇"在时间上比"五帝"更早，前者主要是对文明具有最初开辟贡献的远古人物，后者主要是对文明发展进程中起到里程碑作用的上古人物。古文献中对这些人物的记载糅合了神话传说和历史事实。归结起来，"三皇五帝"之说又可分为两大系列。一种是"概念性"的指称。这一系列的"三皇"和"五帝"分别对应了天、地、人三个维度与东、西、南、北、中五个方位。比如原始意义上有远古三皇——天皇氏、地皇氏、人皇氏。《史记·秦始皇本纪》中记载，秦王嬴政灭六国实现大一统之后为彰显功业超越以往任何过去的君主，命大臣们议拟尊号，于是有人就抛出了"古有天皇，有地皇，有泰皇，泰皇最贵"的说法。后世认为，"泰皇"就是人皇，也有说法认为就是传说中的太昊伏羲。而"五帝"为五方天神合称，《周礼·天官》等记载了东方青帝、南方赤帝、中央黄帝、西方白帝、北方黑帝，遵循了中华文化中将五方、五色、五行等对应而论的习惯。另一种是有明确的人物指称。具体到"三皇"和"五帝"各自指谁，说法太多。"三皇"有燧人、伏羲、神农之说，伏羲、女娲、神农之说，伏羲、祝融、神农之说，伏羲、神农、黄帝之说等。综合来看，伏羲、神农入选的"频次"最高。因为各家所指不同，后来甚至逐渐演绎出前三皇、中三皇、后三皇乃至合为九皇的复杂说法。"五帝"或被认为是太昊、炎帝、黄帝、少昊、颛顼，或是黄帝、颛顼、帝喾、尧、舜，或是黄帝、少昊、颛顼、帝喾、尧，一样各执一词，其中黄帝入选"频次"最高、地位最稳固。可见，"三皇""五帝"并称，其各自的人选本来不应该重叠，但若综合各种说法，却有人物（如伏羲或太昊）既被视为"皇"，也被视为"帝"。总而言之，"三皇五帝"是对数位古代中国领袖人物的统称，这些英雄人物是历史发展的重要推动者，因为作出了卓越贡献被后世流传，但又由于年代久远、文献记录不明而难以确考。

（二）殷商文化

中华优秀传统文化渊源有自，博大精深，殷商文化是重要的源头活水。《尚书·多士》中说"惟殷先人有册有典"，就对殷商文化给出了高度的评价。夏、商、周三代之中，殷商起到了重要的衔接作用，创造了辉煌的文化。齐鲁之地旧属殷商，这里蕴藏了丰富的殷商文化资源，为齐鲁文化的形成提供了营养。

1.殷商文化的始末曲直

"商"原是地名，"殷"也是地名。《史记·殷本纪》载，帝喾之子契在舜时被"封于商，赐姓子氏"。商地在舜之前就有了，到庄子生活的时代，"南伯子綦游乎商之丘"（《庄子·人间世》），所游即商丘，是商地之丘。

殷商文化的创建者是汤，也是商王朝的建立者。在儒家的意识中，商汤与尧、舜、禹、周文王、周武王等并称，是古代贤王圣君的代表。由圣贤缔造的文化，自然也是了不起的文化。尽管商朝灭亡了，但文化的影响犹在，儒家等后世的学家流派也给予了殷商文化以很高的评价。《论语》等文献载，当孔子说要做到选拔正直的人、罢黜邪恶的人才能称为"仁"和"知"时，子夏就举

| 商周木工册鼎（孔子博物馆藏）

了商汤的例子，说他从众人中挑选人才时把伊尹选拔出来，由此得到了天下。

殷商文化的突出贡献之一是改革精神。夏王朝末年，夏桀残暴，商汤率领人民通过暴力手段推翻了夏朝，建立了新政权。所以商朝就建立在改革创新的基础上。殷商文化中的创新思想和实践，正是中华优秀传统文化中革故鼎新、与时俱进、积极进取的精神源泉。

殷商文化孕育形成了商业。据《吕氏春秋·勿躬》等记载，商的首领"相土作乘马"，后来的商君王亥发明了牛车，带人用牛车拉着货物、赶着牛羊到其他方国进行交换。因为从事交易的是商地之人，人们就称之为"商人"，于是有了后世的商业。周朝建立后，商的后裔微子启被周朝封于商丘，建立宋国，奉其先祀。因此，殷商文化通过宋文化一脉相承了下来。春秋战国时期，甚至以商丘为中心，形成了丰富多彩的中国元典文化，形成了"中华圣人文化圈"。

2. 殷商文化的齐鲁传承

从 20 世纪 30 年代开始，青州、济南等地就出土了大量精美的青铜器等代表殷商文化的实物。苏埠屯"亚醜"青铜钺和大辛庄的卜骨说明，这可能是商代的方伯级别的人物的墓葬。这也就说明商文化在这里有深刻的历史印迹。

殷商文化在周代以后也获得了一定的传承。殷商的社祭得以保留和维持。周初分封鲁到以曲阜为都的旧商奄之地，并且给予了"殷民六族"的封赐。也就是有殷商的一大片土地和众多的遗民被分封给了鲁。鲁君是周天子的宗亲，他们的社祭之所称作"周社"。殷商遗民社祭之所称为"亳社"。大概由于殷商的都城曾设在亳，因此有这样的名称。亳社虽然被有的史书称为亡国之社，即被征服的族群之社，但也几乎具有与周社相当的地位。所以鲁国有两社，周社与亳社并存，据考古发现，鲁国故城两周墓葬，可以明显地分为甲乙两组，应该就是"两社"的分野。所以也有人用"间于两社"来比喻执政大臣。

亳社的地位很重要。《左传·定公六年》载，鲁国掌握实权的季氏家臣阳虎发动政变，为了获得政治利益，不仅与国君及鲁国贵族三桓盟于周社，也专门与"国人"盟于亳社。"商奄之民"和"殷民六族"甚至脱却了遗民的身份而被称为"国人"。他们人数众多，并且聚族而居，长期坚持着自己的文化传统。

殷商文化对于齐鲁文化有重要的影响。鲁国的殷遗民的确有着自己的礼俗，并且通过孔子对鲁文化产生了影响。孔子可以算是殷商遗民，以"复兴"为己任的他对于本民族的文化也应该有一定的内在认同感。据《礼记·檀弓》载，孔子在临终前跟弟子们说他梦见自己坐在两楹之间。按照殷商文化习俗，人去世之后是停柩于两楹之间，那是介乎宾主之间的位置。周人与之不同，是停柩于西阶之上，那是把死者当作宾客看待的。因为孔子是殷人的后代，当时又没有明王兴起，也不会有人将他立于两楹之间像君王那样尊重。所以孔子觉得，这预兆着他将要去世了。这也反映了他想在去世后采用殷商丧礼的倾向。孔子修订《春秋》,《春秋公羊传注疏》说是"变周之文,从殷之质",也体现出某种程度上对殷商文化的回顾和复归。孔子弟子子张是殷商遗民,也深受殷商文化影响。他曾经向孔子请教殷商高宗"三年不言"的问题。孔子从三年之丧的角度表示了认可。史书记载,商君武丁为父守丧期间,三年没有发布政令,等他服丧期满才谈论政事。弟子宰予曾经因为反对守孝三年被孔子批评为"不仁",可谓严厉。比较而言,子张对殷商文化的认同大概也是获得孔子认可的重要原因。

殷商文化许多精华被吸收继承。《史记·五帝本纪》说,帝喾"抚教万民而利诲之,仁而威,惠而信"。帝喾曰:"德莫高于博爱人,而政莫高于博利人,故政莫大于信,治莫大于仁,吾慎此而已矣。"殷商文化中有"仁"的学说,这被齐鲁文化所吸收借鉴。

(三) 宗周文化

齐、鲁之立国,是因为周朝建立、分封诸侯。武王克商以后的周王朝,在继承先周文化的基础上,兼收并蓄商和其他华夏部族的文化,形成我国历史上独树一帜的宗周文化,或称周文化。

宗周,指周王朝,因周朝为所封诸侯国之宗主国,故称宗周。正如《史记·伯夷列传》所载"武王已平殷乱,天下宗周",

"管、蔡、武庚等果率淮夷而反。周公乃奉成王命，兴师东伐，作《大诰》……淮夷东土，二年而毕定。诸侯咸服宗周。"经过了王朝建立、平定反叛，周朝的统治逐渐稳固，宗周文化也获得了发展。宗周文化的政治内涵远较其他地域文化丰富，凭借政治上的优势，它可以突破地域局限而辐射各区域。齐鲁文化就是在这样的基础上逐渐形成的。

清康熙五十二年倍夷则款八卦纹鎏金编钟（孔子博物馆藏）

1. 宗周文化的形成

周文化是伴随着周朝政权的逐步建立而形成、发展的。文化的形成与王朝的创建同步，大致经过了几个阶段。

第一，凤鸣岐山，周朝将兴。岐山是周朝的发源地，也叫西岐。周朝将兴盛前，岐山有凤凰栖息鸣叫，人们认为凤凰是由于文王的德政才来的，是周兴盛的吉兆。按照《竹书纪年》中的记载，凤鸣岐山也可能是出于周文王的梦。但按照天人合一的思想，自然现象与人文现实是息息相关的。殷商末期，商王朝的统治者尤其是末代商王受（即帝辛，后世多称为商纣王）

严刑峻法、统治暴虐，引起了人民的不满。与之不同，姬昌即位为商朝西方诸侯之长——西伯侯以后，励精图治，善施仁德，颇得民心。总之，在古人眼里，传说中的神鸟来到岐山，是祥瑞之兆。周的文化也注重从人与自然的"互动"中汲取营养。

第二，文王访贤，周人崛起。以姬昌为代表的周方国统治者有意识地广罗人才，不少人从外部落乃至从商纣王朝投奔他而来。姬昌对这些人才都以礼相待。更具有代表性的是姬昌在渭水遇到直钩垂钓的姜尚，礼聘他为军师。姬昌遇到了正在垂钓的姜子牙，因为发现姜子牙钓鱼时用直钩、无鱼饵，就与之交谈，结果发现他是个治国奇才，就非常高兴地说，我的先君太公说，后世一定有圣人来周，周会因此而兴旺，太公盼望您已经很久了。因此称姜子牙为"太公望"。姬昌郑重地聘请子牙辅佐他，二人一同乘车而归。姜尚被尊为太师。文王的访贤行为，不仅使得他的个人影响力大增，也使得周的力量得到极大提升。

第三，武王伐纣，周有天下。一方诸侯的崛起难免威胁到中央王朝，商一直把周当作隐患。随着周的日渐强大，殷商王朝对其愈加猜疑，乃至打算寻找借口杀周族首领，意图扼制周的势力发展。久而久之，周、商之间的矛盾加剧。经过了姬昌时期的隐忍和暗地壮大阶段，到其子姬发（后世称为周武王）继位，起兵"翦商"的时机逐渐成熟。姬发以姜尚为师，在周公、召公等人的辅佐下，遵循既定战略方针并加紧落实，并抓住时机誓师讨伐。历经大约半年的军事行动，武王伐纣取得成功。周军在牧野大战中大败商朝军队，商纣王自焚，身死国灭。周朝取而代之，周天子成为天下共主。在以武装推翻商王朝的过程中，周人注重把握时机，特别善于寻找宗法伦理方面的理由。终于在商王帝辛杀叔囚兄之后，周人找到足够的理由，取得了道义上的优势。因此，即使七百年后再论及武王伐纣之事，孟子也"力挺"武王，坚决否定了梁惠王提出的"弑君"不符合仁义的说法，称之为"诛杀了一个独夫"。道义上的胜利是周人军事胜利的前提保证，这也集中体现了周文化的特点。周朝建立，由此宗周文化开始成为官方正统而逐渐推广开来。

第四，礼乐天下，郁郁乎文。西周初年，继位的周成王年少，王叔周公辅佐，通过一系列举措排内忧、征外患，王朝渐兴。鉴于当时久经战乱，从安定社会民心的角度考虑，周公制礼作乐，整肃纲纪，打造了周代的礼乐文明。周公姬旦，是文王姬昌第四子、武王姬发之弟，被称为"元圣"、儒学先驱。周公一生的功绩被《尚书大传》概括为"一年救乱，二年克殷，三年践奄，四年建侯卫，五年营成周，六年制礼乐，七年致政成王"。他的言行言论在《尚书》的《大诰》《康诰》《多士》《无逸》《立政》等篇章中有所记载。为了巩固政权，教化社会民心，周公"制礼作乐"，即在政治及文化方面制定一套完整的典章制度。周公对夏商之礼积极改造，形成了全新的、系统的宗法制度，涉及朝堂、社会、人性伦理纲常诸多规矩，完善了宗法制度、分封制、嫡长子继承法、井田制等，这一系列宗法制度对中国古代社会影响极其深远。如此，宗周文化蔚为大观。

2.宗周文化的特征

在我国最早的一部诗歌总集《诗经》的首篇也是名篇《关雎》中，用了"琴瑟友之""钟鼓乐之"的表达，营造了一种欢乐热烈的情感。《诗经》收集的是周代的诗歌，正是周文化的重要文献。宗周文化的最突出表现就在于"礼乐"。

周公摄政后，在"制礼作乐"方面做出了很多努力，为巩固分封制和西周统治阶级已取得的权力和地位，从上层建筑意识形态方面规定了一系列的典章制度，这种具有等级性的各项制度的总和即称为"礼"。"礼"与"仪"，"礼"与"乐"往往连用，所以亦称"礼仪""礼乐"。礼的名目繁多，据《礼记·礼器》称，为"经礼三百，曲礼三千"。

周礼的礼，与我们今天认为的仪式、礼节有关系，但又不同。周礼的功能目标和基本内涵相比来说更广大。所谓周礼之大用，在于调节各阶层的关系，尤其是政治秩序，以此来安定世道民心。礼之用，因此又往往与"善政"联系在一起。《论语·述而》中记载，当被陈司败问到鲁昭公知礼否的问题时，孔子回答是"知礼"，但未得到信服。陈司败由此向孔子弟子巫马期表达质疑：孔子这样的君子也会偏私而说话不客观吗？这话传回了孔子耳中。在对方实例佐证的疑问中，孔子也只好承认了自己之"过"。昭公去晋国参加外事活动，各个环节做得都挺到位，但晋国大夫并不买账，说他只是擅长仪式，并不是真正懂得周礼。也就是说，只是懂得形式上的章程，无法在实质上有所作为，不能"守其国，行其政令，无所失其民"，作为国君仍不能称为知礼者。这样看来，礼之践行又是相当不易的。

所谓"乐"，简单地说就是音乐。但这个"乐"又不是单纯的娱乐之乐，也代表了一定的思想，乃至有一些意识形态的内涵。《礼记·乐记》说："礼以道其声，乐以和其声，政以一其行，刑以防其奸，礼、乐、刑、政，其极一也，所以同民心而出治道也。"对于音乐甚至也有了价值评判，比如"治世之音安以乐，乱世之音怨以怒，亡国之音哀以思"。可见"乐"与"礼"一样，作为一种制度层面的东西，有严格的等级区分。什么情况下用什么"乐"，是有严格规定的。孔子之所以对"八佾舞于庭"反应激烈，就是因为"乐"的使用是规范的体现，不能逾规越矩。

3. 齐鲁文化的因袭

齐鲁文化因有齐、鲁两国而产生，齐、鲁又因周的建立和分封而存在，齐鲁文化与周文化有直接的继承关系。周文化是齐鲁文化最为重要的渊源。

孔子曾经说，因为夏朝、殷商的后代已经衰败，只剩下一个杞国、宋国存在，作为验证但不够充分；而周礼是"当今"所使用的，应该遵从。这就道出了齐鲁文化最为主要的源泉是宗周文化。

比较而言，殷商文化在传承上重母统，而周文化重父统，奉行嫡长子制度。甚至可以说，殷商"兄终弟及"的做法仍然保留了原始氏族社会的继承风格，而周文化恪守的是"父死子继"。鲁国开国国君是周公，但实际上执政的是他的儿子伯禽。周公旦受封鲁国，但因在镐京辅佐周成王，故派长子伯禽代其受封鲁国。周礼主要由周公创制，周文化的形成中周公堪居首功。鲁公伯禽在鲁，秉持的是乃父的思想主张和施政方针。所以鲁国在执行的实践中逐渐形成的鲁文化（齐鲁文化的组成部分），实际上通过"父子相继"的传承实现的。伯禽在位四十六年去世，死后其子鲁考公继位，这也是子承父业。

齐国虽然因地制宜，并未机械地推行周礼，而是注意容纳当地旧俗，但毕竟也是在周王朝制度下的具体实践，实际上齐文化也是在周文化的基础上的发展。齐桓公、管仲当政时，为了扩大自身的影响力，齐国打出了"尊王攘夷"的旗号，对于急剧衰微中的周王室有一定"挽救"作用，周文化的正统地位也再次被确认。这在纷乱之世有显著的价值。

总而言之，齐鲁文化有三股主要的来源——东夷文化、殷商文化和宗周文化。多源汇聚，是开放的结果，而不同来源带来的多元因子，使得新生的文化集丛内部同时并存多样的特点。多源融会，在客观上又要求新生的文化能够有效整合不同来源的分歧乃至冲突，这又依赖于强大的包容性来实现。齐鲁文化由此形成了开放包容的特性。

二、多元共生：齐鲁文化开放包容的价值理念

　　一方水土养一方人，一方之人有一方气质。也有的地方，这里的人身上同时呈现出两种乃至多种不同的气质：一种是以和为贵、礼敬为先，另一种则是张扬着豪侠勇武之气。——这就是齐鲁，可谓"能文能武"、既爽快又含蓄。就像宋代的著名词人李清照（号易安居士）和辛弃疾（字幼安），一位是"婉约派"正宗，一位是"豪放派"代表，都是济南人。无怪乎清代诗人王士禛自豪地将自己的这两位山东老乡并称为"二安"了。春雨润物温和、秋风凛冽果决，不同面貌共同诠释了齐鲁大地的寒暑易节、季节转换。差异较大的不同气质并存，正是文化包容性的体现。

（一）和协诸元，兼收并蓄

《侍坐》一章是《论语》中少有的"长篇"，描绘了孔子与学生们坐在一起畅谈理想的情景。夫子向学生们抛出了一个开放性的问题：如果可以畅所欲言，你们都有什么想法。这次"研讨会"收获了孔门诸贤对于同一命题的不同解答，也生动地展现了各人迥异的性格，有子路的直率，也有冉有的谦逊、公西华的委婉，以及曾皙的静雅。孔子对于学生们的表达是有所倾向的，他的反应有不置可否，有"哂"（略带批评的微笑），也有"与"（肯定、赞赏）。但更为重要的是，孔子没有为这个"考题"设置"标准答案"，甚至没有给出"参考答案"，而是反复强调"各言其志"。此举既秉持了因材施教的方针，也

┃ 明版彩绘《孔子圣迹图·晏婴沮封》（孔子博物馆藏）

实现了教学相长，甚至有助于从中发掘"起予者"，也就是对自己有所启发帮助的人。允许差异存在、兼收并蓄可谓宝贵的经验。

1."和实生物，同则不继"：问计于物质世界

西方的人文社会科学研究往往从自然学科开始。比如恩格斯是伟大的思想家、哲学家，但对自然科学研究进行总结的著作《自然辩证法》却堪称他的代表作。有人觉得，中国古代的学问、中国传统学术只重视人伦世故，不重视自然科学。这其实是个认识的误区。试想，如果中国古人不重视自然科学，那中国古代科技怎么会长期领先，深刻影响世界的"四大发明"又怎么会出现在中国？中国人并非不重视自然科学，只是把其作为基础，更强调对人文社会的关注，注重人类社会的应用。

古人讲"格物致知"，"格物"是通过深入研究和探索事物，达到对事物本质的理解和掌握。具体来说，"格物"可以分为两个层面：一是穷究事物的道理。"格物"意味着通过细致的研究和考察，揭示事物的规律和本质。这种研究不仅仅停留在表面现象上，而是追求深入的理解和阐释。二是纠正人的行为。"格物"也被用来形容个人修养的过程，即通过不断地自我反思和修正，以达到道德和精神上的提升。对于物理世界的考察和对于精神世界的探究，统一在了作为行为主体的人身上。齐鲁文化包容价值理念的塑造，也是从自然世界获取的启示。

物品的存在形态和性质千差万别，是客观情形，是一种自然规律，这就是《孟子·滕文公上》中所说的"物之不齐，物之情也"。自然界中，生命体存在多样性，并且具有十分重要的价值。不同自然元素的组合、自然物种的并存，整体上维持了一个系统的功能。生物多样性使地球充满生机，是人类生存和发展的基础。

古人阐明了"和实生物，同则不继"的道理，也就是说和谐才能生成世上的万物，如果强求同一世界就不能发展了。只存在相同的东西，也只能是同质材料的简单相加，用尽了之后就完了。只是数量的增加，无法使质量有所优化。而如果有许多不同的东西，通过协调平衡、取长补短，不同的东西就会经由"和谐"实现统一。可以说，允许乃至保障多元因子的存在，是物理世界给予人们的启示。

2. 诸元调"和"：社会日常的哲学

"和"是齐鲁文化的重要范畴，也是中华文明包容性的核心术语之一。"和"可以"生物"、构建丰富多样的世间万物，也可以"生人"，维系人类社会存在和发展。因为"和"的价值理念并不是远离社会的，而是蕴藏在人们日常生活的方方面面。

被尊称为"晏子"的齐国名相晏婴，就是一位从社会日常中发掘"和"哲学的智者。作为春秋时期齐国的名相，晏子辅佐了三朝齐君，他内辅国政，坚持原则，对外又富有灵活性，深谙"和"的做人与为政之道。对于"和"与"同"的辩证关系，晏子有深刻的总结和论述。这在一次他和齐景公的交谈中集中体现出来。景公打猎回来，晏子在歇马的遄台上随侍，大夫梁丘据也驾车赶来。景公就说，只有梁丘据与我和谐啊！晏子却说，梁丘据也不过是与之相同而已，谈不上和谐。景公就问和谐与相同的差别，晏子于是用打比方的方法，详细论述了两者差异。

晏子用烹调来譬喻和谐。做肉羹需要用水、火、醋、酱、盐、梅来调和鱼和肉，用柴火烧煮。厨工调配，使各种味道恰到好处；淡了就增加调料，重了就用水冲淡。由此，君子吃了这种肉羹，心性也得以平和。君臣关系正像这样。君上认可的，必然也有不合适的，臣下进言指出不当的，能使恰当的更完备；反之，指出其中合适的，就可以规避不妥当的。这样，政事就能平和不违礼。

晏子又用音乐来比方。贤明的君子使五味相互调和、五声和谐动听，用来平和心性，成就政事。音乐也像味道一样，由各方面配合调节而成。君子听了这样的音乐，可以平和心性。心性平和，德行就协调。而梁丘据并非如此，他只是追随国君，国君认可的他也认可，国君反对的他也反对。这不是"和"，只是"同"。就像用清水来给清水增加味道，但仍是平淡无味，没有人能吃得下去。同样，如果琴瑟乐器都是一个调子，也没有人愿意听。

晏子也有实际的践行。他面对权势，仍能坚持原则、不苟合于邪佞。齐后庄公被权臣崔杼所杀。晏婴听说后，毅然带着随从前去吊唁。此行是极度凶险的，因为崔杼残暴，既然敢弑君，其后又因为史官秉笔直书其杀害君主而连杀史官兄弟三人，所以是什么都做得出来的。晏子独自来到崔家，脱帽捶胸，扑在庄公尸体上号啕大哭，表现出了抗议崔氏的鲜明立场。或许是这种正义和晏子的威望使崔杼有所忌惮，才没有杀他。

晏子深谙"和"与"同"的辩证道理，在实际行动中又能坚持"和而不同"的君子之行，为学、为政都无愧一代名家。他能把深刻的道理用打比方的方法，通俗而形象地给人解释，是其高明之处。在日常工作中，个人意见不同是难免的，但求同存异是一种大智慧，能够尊重他人、重视不同观点是为政者胸怀和境界的体现。因为当局者迷，当囿于个人观点、听不进不同意见时，可能正是走向极端之时。善于换位思考、辨正审视，能最大程度上避免错误。基层工作中常常面对很多文化水平不高、修养也有限的群众，怎样"接地气"地阐述道理，并且能心平气和地把不同意见统合起来，求同存异，达到和谐，是非常值得研究的。

战国末期齐国人邹衍联络了历史、地理两大系统，奠定了后世阴阳五行学说的基础。他继承了古代阴阳五行学说，提出水胜火、火胜金、金胜木、木胜土、土胜水的"五行生胜"理论，并用这个理论来阐释自然和社会的发展变化。以五种元素来归纳世界的组成单元，强调诸元之间的协调。邹衍曾在齐国稷下学宫讲学，是百家争鸣中重要的一家，也是探究诸多元素和谐理论的杰出学者。

3. "和"之前提："术"可异，"道"须同

兼收并蓄的"和"并不是片面的"和光同尘"、混淆截然相反的对立面，或没有原则地同质化。"和"有一个前提条件，就是在本质上有相近或共通之处，有能够调和的可能。包容不是无界限的包容，而是有条件的。如果对"道"的认识出现难以弥合的鸿沟，就谈不上包容。伯夷、叔齐义不食周粟，饿死于首阳山。司马迁感叹说：道不同不相为谋。真是各人追随各人的志向啊！"道"的外延较广，可以概指人生理想，也指思想观念、学术主张等。但"道"如果不同，基本上就没有合作的机会。不同的诸方，如果根本的价值理念南辕北辙，再谈合作、和谐，就是与虎谋皮，不会有好的结果。

和谐包容表现在相处和睦和谐的统一性上，更表现在不随便附和、坚持原则的差异性上。比如涉及价值观层面的东西，不能以片面的包容来要求将异见乖行保留。齐鲁文化的价值评判，表现在强调严守秩序。在孔子那里，"礼"是人们的行为规范，所以强调严守礼制。作为鲁国国史的《春秋》，在进行历史记载的时候有一个特点，就是对于一些"非礼"之举特别注意记录。反倒是对于合乎礼仪的常常不收录。著名的"春秋笔法"，就有一种"是非"的价值评判在其中。《春秋》用于记事，语言极为简练，然而几乎每个句子都暗含褒贬之意，被后

人称为"春秋笔法""微言大义"。《春秋》是孔子修订的,这里面蕴含了孔子的思想。孔子的一生,可以说就是在宣扬传播他的核心价值观。比如对季氏"八佾舞于庭"的僭越,孔子作出了"是可忍孰不可忍"的论述。这也更可以看出价值评判的鲜明特点。

共同的价值取向和理念原则是文明塑造形成的前提。因为不同民族、文化有大致相近的价值理念,作为整体的中华文明才能形成突出的包容特性。齐鲁文化中的许多元素,如天下为公、天下大同的社会理想,各民族文化均有天下观和全局的意识,"夜郎自大""小国寡民"不是主流;九州共贯、多元一体的大一统传统,华夏各民族均向往统一、融合。无论哪个民族入主中原,都强调"正统",以中华文明传承人自居;讲信修睦、亲仁善邻的交往之道,在处理内外关系上积极开明,反对封闭狭隘,崇尚和平友好;执两用中、守中致和的思维方法,不极端化,不用单一代替多元、强求"一致",对待不同与差别时讲求兼收并蓄。

4."和而不同":人的关系的重要理念

《论语·子路》中说:"君子和而不同,小人同而不和。"孔子申明了在对待"和"与"同"的态度上君子和小人的区别。君子能够与他人保持和谐友善关系,对具体问题的看法可以不相同;而小人虽在表面的言论、表现上迎合、附和别人,内心深处却并不抱和谐友善的态度。在儒家看来,价值准则层面上的"和"才是区分"君子"与"小人"之关键，有违于"和"的"同"仅仅是假象，不具有共同价值属性。

在现实生活中，人们认识存在差异是很常见的，对于政事有不同看法也非常普遍。问题的关键在于如何解决差别和异见。孔子将"和"与"同"的差别引入到人际关系的思考之中。"和而不同"的原则确保了人表达意见的自由，给予各种不同形态以存在的权利。"同而不和"剥夺了不同表现形态的存在权利，却遗留了内在不和谐的危险。对于政事而言，两者的优劣判然。

和睦和谐，实现了多样性的统一，最大程度上保存了各种可能，一旦出现问题，可以较快地实现补救。强制的同一，是相同的叠加，也是"押宝"在唯一方案上，却堵死了其他的可能，一旦出现问题，难以进行补救。以"和而不同"论政，就是对不同意见的处理原则的阐述。晋代袁宏评写三国名臣时，对为政有方的徐邈（字景山）有"和而不同，通而不杂"[①]的评价，可称赞誉。秉持"和而不同"，重视他人的权利和需求，自然就懂"成人之美"，进而实现"美美与共"，即多种不同形态的美和谐共存、多样美丽。

孔子及其所创立的儒家思想内容十分丰富，其中所包含的"和而不同"处世原则具有永恒的价值，也被孔子身体力行。

---

① （南朝梁）萧统编，张葆全、胡大雷主编：《文选译注》第四册，上海古籍出版社 2020 年版，第 1528 页。

孔子有一位老朋友叫原壤，两人年轻时就相识，而且很熟悉。原壤的母亲去世，孔子去助他料理后事，还帮着清洗棺木。一般人面对这样的事都是哀伤难过，但原壤却突然想起了唱歌抒怀，竟然敲击着棺木唱了起来。这个惊人的举动引起了周围人的质疑。有人问孔子为何不阻止他，孔子却回答说：亲人总归是亲人，朋友总归是朋友。孔子认为原壤的行为虽然不为常人理解，但他对于亲人离世的悲痛是必然的。所谓"疏不间亲"，朋友始终是"外人"，难以设身处地地体会失去至亲的难过。尽管大家不认可他的做法，但即使是朋友，也不应该干涉。多年以后，年事已高的两人又见面。原壤看到孔子来了，也没有改变叉开双腿的闲坐姿势。在当时，这种坐姿是很无礼的表现。孔子这次予以直言不讳的批评。他用手杖轻轻地敲了敲原壤的小腿，说："幼而不孙弟，长而无述焉，老而不死，是为贼。"（《论语·宪问》）意思是年幼的时候不讲孝悌，长大了又没有什么值得称赞的地方，还活那么大年龄，真是一个祸害。在对待原壤异乎常人的举动这件事上，孔子既坚持了原则，对朋友"忠告而善道之"，郑重劝诫、积极引导，又没有粗暴地否定。这些都是因为事有"道"和"术"之分，原壤之乖张原是外在表现，其内心的准则仍是向真向善。孔子既责之，又不全然否之，正是对"和而不同"原则的生动践行。

孔子对原壤的行为，给出了"老而不死，是为贼"的责备，并且除了言语教训，甚至还"动了手"——"以杖叩其胫"（《论语·宪问》）。从表面上看，这是孔子对原壤的否定，但仔细分析会发现，这样的举动应该是出于两个相互之间关系不错的朋友之间。孔子对于来自他人的不同意见，有不同的对待。对于"道不同"者，他"不相为谋"。只有对于"君子"，他才"和而不同"。原壤丧母却"登木"而歌，这与后来庄子妻死时箕踞鼓盆而歌的做法如出一辙。说不定原壤和后世的大思想家庄子一样，也已经"通乎命"，领悟了生死自然的道理。尽管表现出来的不是常人一般的痛哭流涕，但内心的情感与常人一致，并且多出一分理解生命本质的智慧。或许正是认识到了这一点，孔子才会尊重、宽容了原壤各种表面离经叛道的行为，给其异乎常人的表现保留了一些存在的权利和发展的空间。

孔子强调"毋意，毋必，毋固，毋我"（《论语·子罕》），也就是要杜绝的四种毛病——主观臆测、绝对肯定、固执己见、自以为是。不主观臆测，就是要客观、理智，而不是全凭情绪做决定；不绝对肯定，就是接受世界的多样性，不是非黑即白，接受更多可能，积极听取不同意见；不固执己见，就是不总认为自己正确，善于多角度看问题；不自以为是，就是不刚愎自用、封闭自我，不唯我独尊。总而言之，因为容纳了不同，会看到更多的可能，给予更多可能以存在的权利，坚持包容的原则，保持开放的心态。

道理是古今相通的。对于别人不同的意见，应该给出怎样的判定，是轻易否定，还是认真分析有没有存在的必要？先贤给出了参考。为了避免刚愎自用乃至党同伐异，人们更应该审慎对待异见，在基本原则的范围内仔细甄别。属于"道"不同的，当摒弃；属于"术"之异的，宜注意容纳吸收，努力实现美美与共，或至少能和谐共存，不要轻易否定。

（二）推己及人，兼爱众民

和协诸元、兼收并蓄是齐鲁文化包容性的理性体现。但包容性的形成又依赖于重要的感性因素，因为人类是富有情感的，相同相近的情感是凝聚民族的内在因素，有助于共同的文明特性的塑造、形成。如共有的家国情怀，中华民族富有修齐治平、兴亡有责的家国情怀，这是各民族大致相同的；相近的精神追求，中华民族富有厚德载物、明德弘道的精神追求，这为塑造包容性提供了精神支撑。立厚德，就需能容纳不同。我们的共情文化和传统在先秦就形成了。先秦诸子之中，儒墨并称"显学"，弟子众多，支派林立，影响巨大。儒、墨两家都有显著的包容性价值理念。

1."推"之开放，"己"之包容

儒家讲求推己及人，以度己待己之心来度人待人。推己及人是一种道德心理、行为机制和修养方法。道德行为主体以自己的感受、需要推知他人具有相同的感受和需要，并将推知所得的观念作为行为准则贯彻到与他人相关的行动中去。儒家的"己欲立而立人，己欲达而达人"和"己所不欲，勿施于人"都是将个人的情感体验与需求主张向外推广的做法。在道德修养过程中，自觉运用推己及人的方法，能促使人们设身处地为他人着想，从而使自己的行为有利于他人。

孔子去武城，因为弟子子游用礼乐"大道"治小城，于是开了一个"割鸡焉用牛刀"的玩笑，但对于"君子学道则爱人，小人学道则易使"（《论语·阳货》）却给予了认可。儒家重视居于上位的"君子"，强调修养境界的"君子"，也未放弃"小人"，对于"小人"的"学道"给予了足够的包容。孔子育才"有教无类"，开私学教育先河，成为中国教育史上跟"学在官府"相对立的"学移民间"的划时代标志。他以"有教无类"授徒讲学，弟子多起微贱，开"平民以学术进身而预贵族之位"的先河。私学之风一开，有识之士大量涌现，为春秋战国时代"士"的兴起和礼贤下士之风的形成奠定了人才基础。

宰予（字子我）可以说是孔子最"不省心"的弟子了，他屡屡冒犯"师威"，多次遭到批评。因为大白天睡觉，他被老师批评为"朽木不可雕"，就像用垃圾筑成的墙无法粉刷。有人甚至说，翻遍整部《论语》，这是温文尔雅的孔夫子最动肝火的一次震怒。甚至因为宰予的行为，老夫子就自言对所有人都抱不信任态度了。宰予又向孔子请教，进行了一种假设：对于有仁德的人，别人告诉他井里掉下去一位仁人，他会跟着下去吗？这是一个类似于淳于髡为孟子设置的"嫂溺叔援"式的问题。孔子对于这种试探挑衅性的问题表示批评，认为给君子设置"问题陷阱"本身就是错的。又是因为对三年之丧的质疑，宰予又与老师发生争执。宰予觉得三年守孝期太长，孔子于是反问他，如果父母去世的头三年里吃香饭、穿锦衣，你心安吗？结果得到的回答竟然是"安"。宰予此举换来了老师对他"不仁德"的评价。这是一种"人品"的批判，在儒家的评价中不可谓不严重。但换一个角度看，宰予思想活跃，好学深思，善于提问，是孔门弟子中少有的正面对孔子学说提出异议的人。宰予被奉为孔门最杰出的弟子群体"十哲"之一，且是被孔子本人"认定"过的。这说明儒家并没有那么狭隘，孔子和儒者有足够的包容，给予其成长的空间，乃至助其成才。

　　孔子说他的学说可以用一个根本的原则贯通起来，曾子就对孔子学说作了一个总结，就是忠和恕。其中"恕"，是如人之心，也就是推己及人，对他人宽宏大量。所谓"恕"，正如《论语·卫灵公》中所说的"己所不欲，勿施于人"，自己不想要的，也不要施加给别人，能够常常将心比心，设身处地为他人考虑。始终能够体谅和理解别人，就是一种包容。孔子提出要"躬自厚而薄责于人"（《论语·卫灵公》），即对己严而待人宽。别人不了解自己，不恼怒；别人冒犯了自己，也不计较，这都是君子的做法，是包容大度的嘉行。当然，这种包容在实践中存在很大的难度，所以当子贡说"我不欲人之加诸我也，吾亦欲无加诸人"时，孔子认为这种恕道非子贡所能做到。儒家认识到了现实中践行包容的难度。但与"仁"和"礼"一样，做起来不容易，更要鼓励提倡，因为这是一种价值原则。

　　实际上，"仁爱"的思想蕴含了包容性的原则于其中。仁爱思想提倡人们以克制、礼让的态度来认识不同、调和社会矛盾。这是一种很具有"张力"的思想，呈现出开放的姿态和包容的状态。

2."兼"之开放，"爱"之包容

"兼"见于金文，《说文》的解释是"兼，并也……兼持二禾，秉持一禾"。从字形上看，"兼"字像一只手同时握着两把"禾"，又同时拿着两禾来表示"并得"的意思。"兼"从字义上有多样、多元相并相从的意蕴。

"兼爱"是墨家高举的大旗，甚至被认为是其根本纲领。连孟子都说墨子是"摩顶放踵利天下为之"，也就是即使摩秃头顶、走破脚跟，只要对天下有利就干。这话里面似乎也包含了褒扬的意思。墨家在先秦，是与儒家同样"显赫"的一家，甚至也被认为是三大思想家之一。如梁启超就认为"古代学术，老、孔、墨三圣集其大成"，其后尽管百家竞作、各有千秋，但思想渊源都来自这三家。足见墨家影响之大，墨家文化也当之无愧是齐鲁文化的重要组成部分。

"兼爱"主张同时爱不同的人或事物，是一种伦理学说。墨子以"兼爱"为其社会伦理思想的核心，认为当时社会动乱的原因就在于人们不能兼爱。这一学说以博大的胸怀将包括下层劳动人民在内的天下百姓纳入"爱"的范围内。他提倡"兼以易别"，用兼爱的主张代替别的主张，与其他学派"爱有差等"的观点不同。墨家提出"兼相爱，交相利"，把兼爱与实现人们物质利益方面的平等互利相联系，表现出对功利的重视。

🔗 知识链接

墨子止战救宋

《墨子》中记载了墨子通过与公输班（即鲁班，又叫公输般、班输，或尊称公输子）言语辩论和模拟实战，成功阻止楚王伐宋的故事，鲜明地体现了墨家"兼爱""非攻"的思想。

公输班是著名的发明家，他通过高超的技术给楚国制造出云梯等先进的攻城武器。楚王打算在云梯造好之后就用来攻打更为弱小的宋国。墨子听说后就千里迢迢走了十天十夜到楚国国都，希望通过劝说公输班来达到止楚伐宋的目标。第一步，墨子先是凭借言语辩论说服了公输班。因为后者标榜"义不杀人"，墨子就以此为据，由小见大地类比，使之理屈词穷。第二步，墨子见到楚王，又是通过"窃疾"的比方，使得楚王把攻宋的原因归结到有云梯这样的武器条件上。第三步，墨子通过"沙盘演练"的方式挫败了公输班攻城的方案。公输班一次又一次地设下攻城的方法，墨子一次又一次地挡住了他。公输班的攻城器械都用尽了，墨子的守城办法还绰绰有余。道理上和实践上都无胜算，最终楚国君臣不得不放弃了攻宋的打算。墨子能够止战救宋固然是因为他既有深邃的思想，又有高明的技术，深层次里更是因为他有一颗包容兼爱民众的心。

颇具戏剧性的是，后来墨子从楚国回来，路上遇到下雨，因为路过宋国的一处闾门，想进去避雨，却遭到守门人的拒绝。尽管"救命恩人"被怠慢，墨家并没有动摇"兼爱"观念。

《墨子》的这一篇结尾还有一段发人深省的议论，指出"治于神者，众人不知其功"，也就是能够运用神机解决大问题的人，众人却往往不知道他的大功德。墨家力驳其他派别"爱有等差"观点，其爱无差别等级、不分厚薄亲疏的主张，是普遍的人道主义和崇尚和平的体现，从这个故事中也得到鲜活的佐证。

与之相关的，就是墨家的教育。墨子创立的教育极具包容性，这体现在两方面。一是教育受众包括了底层平民为主的广大人民；二是教育内容包含了文、理、军、工等各学科。可以说墨子的教育是综合性的教育。

墨子尚贤、尚同、节用、节葬、非攻等主张均以兼爱为出发点，他希望通过提倡兼爱解决社会矛盾。兼爱观认为天爱万物、养万物、包容万物，那么人也该爱万物、养万物、包容万物。

墨家提出的"非攻"，并不是简单的"非战"、反战。墨家反对侵略战争，但很注重自卫防御。因为有足够的包容，才会主张不攻伐他人。面对先秦礼崩乐坏、社会失序、人民失伦的困局，墨家试图通过"兼相爱，交相利"途径和"非攻"的和平主义方式来化解。墨子认为，社会动乱之所以产生，是因为人们只是自爱，而不能兼爱。自爱是人之常情，维护自身利益是本能。但一味地追求一己私利，利己以损人为前提则损害了人类群体的利益。

如若"爱人如己"，又指向"交相利"。利互相交换、交通，"相"有"他在他者之中，他者在他之中，他即他者，他者即他"的意蕴。"兼相爱，交相利"（《墨子·兼爱中》）是追求天下和谐、和合的前提和基础，从此出发，反对战争是"尚和合"精神的体现，是化解当时社会各种不和合的冲突和危机的良方。墨子以其强烈的关爱天下意识和忧患意识指出：子自爱不爱父，故亏父而自利；弟自爱不爱兄，故亏兄而自利；臣自爱不爱君，故亏君而自利。正是这父不慈子，兄不慈弟，君不慈臣，是天下之所谓"乱"。墨子分析乱之所以起的各种原因，在于子、弟、臣自爱而不爱父、兄、君，他们亏父、兄、君而自利。如果一人一义、万人万义，人人自是其义，而非人之义，就是"交相非"，导致父子兄弟作怨恶，离散不能相和合。自爱自利的行为不能达到真正的自爱，反而导致自害、自私。不能真正自利而是损害他人利益，亦不能在损害他利中获得自利。他不仅找到了"症结"，还开出了"药方"——"兼相爱"。墨子指出，若使天下兼相爱，国与国不相攻，家与家不相乱，无盗贼，君臣父子皆能孝慈，天下由此可治。爱人如身，兼爱是赋予他人、他者与自己同样的爱，是一种无私的、无利的爱。我们知道，利益在本质上属于社会关系，而社会人就是一系列关系的集合。马克思主义认为，人们奋斗所争取的一切都同他们的利益有关。不同的人的个体，以及由个人组成的人的群体，都有自身的需求，体现出来就是利益。其中，经济利益即物质利益是基础，其他都在其次。物质利益无论能否被人们自觉地意识到，都是客观存在的。客观地看，墨家的

"实利主义"是朴素唯物主义的，具有科学性。

墨家对于"利"的学说又是极具包容性的。通常来说，"利"是朝向自己的，而"爱"指向他人，两者似乎指向不同。但墨子将"利"与"爱"结合了起来，他反对偏狭的利己主义，主张有利益的兼爱。这样的"爱"之倡导，有物质的基础，不是空想的学说，不是一味讲求"奉献"，是在开放包容下凝结而成的理论。

在哲学思辨上，合同异强调事物的统一性，离坚白强调事物的差异性，而墨家对二者的片面性有所纠正，提出了"坚白相盈"的观点，以"兼爱"的主张，力图消除亲属、贵贱的分别，同等地去爱所有的人。这种包容，相比较于儒家有异，是另一种思路。

包容性的核心是如何对待不同的想法、见解、理念和理论，反映了事物矛盾的对立统一。齐鲁文化由齐文化与鲁文化融会而成。但具体而言，齐文化与鲁文化有显著差异。太公治齐"因其俗，简其礼"与鲁公伯禽治鲁"变其俗，革其礼"，在方向上就相差较远。但后来齐鲁文化在两个亚类的交流中融合而成，多元共生的包容性是其内生的动力。开放包容是以积极乐观的态度对待外来事物，包容多样、兼收并蓄，不搞封闭，尊重差异、择善而从的精神品质。"地势坤，君子以厚德载物""海纳百川，有容乃大"，包容会通精神一直是齐鲁文化中蕴含的品质。齐鲁自古就有和而不同、开放包容的文化基因，并在历史发展的实践中不断传承。

三、毋曰不同：齐鲁文化开放包容的施政 原则

在《管子》的首篇中，管仲就提出了三个"毋曰不同"——"毋曰不同生""毋曰不同乡""毋曰不同国"（《管子·牧民》），指出不要因为不同姓，不听取外姓人的意见；不要因为不同乡，不采纳外乡人的办法；诸侯国不要因为不同国，而不听从别国人的主张。治理乡邑的人，不能以民族不同为理由而区分对待乡民。若是如此，那么受歧视的人当然不会服从治理者的政令了。为避免"远者"的"不听""不行""不从"，他强调不能按照治家的要求治理乡、治乡的要求治理国或按照治国的要求治理天下，这样家国天下都不治。而要切合对象，更要像天地对待万物，没有什么偏私偏爱；像日月普照一切，才算得上君主的气度。管仲之论体现了齐鲁先贤的智慧。在齐鲁文化的形成发展中，明君贤臣在施政中形成了规矩原则，在国家机器运行中秉持了开放包容。有益的施政原则对于"治"的实现与文化的兴盛贡献良多。

（一）从俗简礼：调和国家标准与地方实际

1. 从俗与聚力："国标"周礼与齐国实际的协调

得到天下后，周朝的各项制度成为"官方"的标准规范，在四海推行。《诗经·小雅》所谓"溥天之下，莫非王土，率土之滨，莫非王臣"，周天子既是天下共主，周朝的标准就是国家标准。以周礼为核心的"周式"规范就被要求全面执行。一旦违背，就会被问责。

周朝伊始，周公通过对之前的礼乐进行大规模的整理、改造，使其成为系统化的社会典章制度和行为规范，形成了礼乐文化。礼乐是一套遍及政治、教育、信仰等各领域的重要文化结构，并在其统辖范围内全面推行礼乐之治。

但对齐国而言，周礼的"效力"又有一定的局限。与鲁国相比，因为未肩负推广周文化的"主体责任"和历史使命，齐不必执拗于周礼，而要"因地制宜"。因此其在文化上突出的表现，就是一定程度上偏离周礼的束缚，较为自由地开辟一条适合自己的路——"简礼从俗"。

姜太公治齐，注意把握开放包容的思路，并未将新的周之礼制定于一尊、强制推行，而是保留并积极利用了东夷旧俗和生产习惯。如此"四两拨千斤"，因势利导，既有效避免了立国之初就产生矛盾冲突，又能减轻施政的阻力，可谓是深得为政之道的高明之举。尊重文化习俗、善于因地制宜，正是先贤

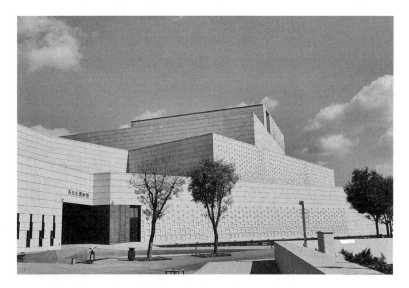

位于山东淄博的齐文化博物院外景

留给今之为政者的有益启示。姜太公子牙在齐国的因俗简礼、通商工、便鱼盐，在政治和文化上实践了开放包容，也走出了"自己的路"。

《国语》中有这样的表达：君王拥有九州辽阔的土地，取得收入来供养万民，用忠信来教化和使用他们，使他们协和安乐如一家人。于是先王从异姓的家族中聘娶王后，向四方各地求取财货，选择敢于直谏的人来做官吏，处理众多的事情，努力做到和谐而不是同一。这是从体制规则方面探讨开放包容的价值。

太公到齐，面临的政治环境复杂。《史记》记载，"太公闻之，夜衣而行，黎明至国。莱侯来伐，与之争营丘。"（《史记·齐太公世家》）姜太公到封地时，遭遇了当地人的不欢迎。

莱人趁着太公远道而来，竟然和他抢夺营丘。《韩非子》则记载了齐国东海上有两位狂士华士、狂矞的不合作，他们表示："吾不臣天子，不友诸侯，耕作而食之，掘井而饮之，吾无求于人也。无上之名，无君之禄，不事仕而事力。"(《韩非子·外储说右上》)此言鲜明地表现出了"自力更生""不求人"以及对统治者采取"不侍奉"乃至消极抵抗的状态。在文化上，齐国推行"因其俗，简其礼"的开明政策。周朝虽然取得了天下，并把周礼作为统一的规范推行，但齐地原来有本土文化。齐地之旧习强大。如果在这里强力推行周礼，容易产生矛盾，不利于治国安邦，因而简礼从俗。本着"和"的思想，太公斟酌决定，从齐地实际出发，从俗简礼，不强制干涉，且务实地创造了既让齐民乐于接受，又基本合乎周礼的新制。人是社会关系的总和。尊重了他人，也获得了他人的尊重，由此团结了当地居民，一定程度上凝聚了力量。

客观地看，要实现"协调"也要付出一定的"代价"。譬如被称为春秋"义战"的齐攻山戎救燕之战中，齐桓公为了调和周礼和现实，就破天荒地在出师相助并获胜的情况下还割地相赠。北方游牧民族山戎攻燕，燕向齐求救。齐桓公带兵伐山戎取胜，燕国君为表示感谢亲送桓公入齐境。按理说，这本是友好和"多礼"的体现，但依照周礼规定，诸侯相送不能越过国境，只有送周天子才能越境。于是齐桓公把燕君所到的齐地割给燕国。此举颇为巧妙，既尊重了既定事实，又维护了周礼，虽然自己损失了一些土地，但赢得了人心。这既是齐国君臣大度包容气魄的体现，也营造了一种开放宏大的氛围。

春秋中后期，晏婴为相多年，通过具体的施政方针，对作为国家层面的规范和标准的"周礼"在齐国的具体施行作出了贡献。齐建国之后，在太公的主导下，齐文化逐渐出现了重利轻义的价值取向。齐桓公时管仲有意识地强调了"礼节"的价值作用，表现出重利也不轻义的倾向。到了晏婴，更加表现出重利更重义，甚至认为义是利之本，主张用"义"来对"利"进行规束。将义与利进行积极调和，是齐的贤能之人对包容性原则的创造性应用的体现。

齐国发展史上，"田氏代齐"这一重大事变的发生也深刻地体现出"从俗"的"聚力"功效。齐国由姜太公开创，本是姜姓吕氏所有。但从齐桓公在位时投奔而来的陈完（后改名为田完）开始，若干辈田氏子弟世代经营，最终取得了齐国的政权。在该进程中，田乞小斗进、大斗出的收买人心之举，是极为重要的一步。齐景公喜好修建宫室，聚狗养马，生活奢侈。国君的仓库里布匹、丝帛、粮食堆积如山，以至于腐烂生虫。但由于赋税繁重、刑法严苛，人民生活困苦，饥寒交迫，甚至有人饿死在路上。更有甚者，许多人因触犯刑法而被砍去双脚，导致市场上鞋子便宜而假肢昂贵。田乞看准时机，积极收买民心。他改革了量制，将原本的四进制改为五进制。在向百姓借贷粮食时，他采用新制，而在百姓还贷时，却使用旧制。这种"收赋税于民以小斗受之，其廪予民以大斗"的做法，使得百姓对田氏家族感激不已。齐国公室日渐丧失民心，田氏的影响力却日渐增强。此举正是迎合了齐风重利之"俗"，收效甚巨。得民心者得天下，田氏后来果然夺得了政权。

由此可见，"俗"作为地方实际，应该成为政策方针制定的基本依据。但"礼"作为国家推行的全局性的规范，在某种程度上有"法"的作用。政治清明的要求是不能有"法外之地"，"溥天之下"的地域人民都应该遵守。因此，对于"俗"与"礼"的协调，是十分重要的问题。不从俗、强推礼，是"过"，这样不行，会激化矛盾，甚至逼得一些人反抗；而全从俗、不顾礼，是"不及"，也不行，那样会停步不前，甚至开历史倒车。所谓"过犹不及"，包容调和就成为解决问题、探索精准力度的关键法宝。

2.并重农工商：自然资源与物质条件下的选择

姜太公治理的齐国，相比于其他诸侯国，尤其是近邻鲁国，在物质条件上有"长"有"短"。齐、鲁两个诸侯国的建立，原本就有为周王朝治理东方地区的目的。周在征服东方诸国后，为有效地控制广大疆土，分封使新封的姬姓贵族和异姓功臣姻亲杂处其间，达到互相监督与钳制的目的，也有政治征服和军事威慑的深层含义。封太公，让他来齐是以夷治夷。再让身为宗室的鲁君伯禽同驻东夷，人概也有以鲁监齐的用意。肩负着治理一方的重任，太公分析了封国所面临的特殊情况，为齐国制定了适合自身的国策。

一面"避短"，劣势决定不能单纯依靠农耕。《史记·货殖列传序》云："太公望封于营丘，地潟卤，人民寡。"农业条件存在明显的劣势——耕地贫瘠、盐碱泥淖。一是耕地面积较小；二是近海盐碱化重。所以，齐地自古以来就特别在意耕地。这从《诗经》等先秦古籍中描写齐地的作品中就能有所体会。

《诗经·齐风》中有一首《甫田》，诗题意思是大块的田。全诗如下："无田甫田，维莠骄骄。无思远人，劳心忉忉。无田甫田，维莠桀桀。无思远人，劳心怛怛。婉兮娈兮。总角丱兮。未几见兮，突而弁兮。"这是一首篇幅不长但主旨历来众说纷纭的诗，梳理其研究史可知至少有八种不同的观点，又可以归为四大类——刺君、控诉的政治类，戒人说理的哲理类，女子思人的情诗类，思亲思乡类。这些分歧的出现，从诗文本角度分析，在于对几个关键词的理解不同。其一，对"甫田"之"甫"的理解：只有"甫"是"大"的意思，才会得出"田大而荒芜"，进而引申出"戒小务大"等哲理性的含义，也会由此而联系到政治现实，生发出美刺作用的解释。其二，"甫田"与"远人"的意义关联：诗作如何从谈论田地转换到谈论远方的人身上，这个过程使用了什么手法，是一种怎样的思维。其三，对"孩童"意象的理解：这个起先是总角年龄，后来"弁"而为成人的，应是一个男孩，此男孩与田地的关系如何，这关系到"思念"这个主题的"方向"问题——是游子思乡人，还是家乡之人思念远方漂泊之人。这个人是真实见到，还是想象之中的推测，也是一个问题，也可以说就是末章是

"比"是"赋"的问题。《诗经·齐风·甫田》的主旨要与齐文化紧紧结合在一起才能探明：从字面意思看（采风自民间）：反映了齐地在农耕方面的欠缺和游商上的专长——男主角外出游历（行商），女主人在家思念。另一方面，甫田是对大面积田地的追求和对农耕辛苦、收成难保的牢骚。而从引申意义看（政治引发）：齐人对广大国土及政治目标（如称霸诸侯）的追求，和求而不得的纠结。综合起来解读，诗的大致意思是说：不要耕种大的田地啊，那里只有莠草长得茂盛；不要思念远方的人啊，那样只会忧心。那一个漂亮的小孩子，扎着总角小辫子；（感觉）没多长时间不见，（但可能）他已经长大成人了。总之，无论这首诗是不是要联系政治实际进行讽喻，它写的首先是田地的问题。这是齐人对于田地关切的诗意体现。

 知识链接

《诗经·齐风》

《诗经》是我国最早的一部诗歌总集，收集了西周初年至春秋中叶即公元前 11 至前 6 世纪的诗歌三百余首，后世常直接称为《诗》或《诗三百》。《诗经》在内容上分为风、雅、颂三个部分。一般认为，"风"是当时各地的民歌，也是整个《诗经》的精华部分。而《齐风》是十五国风之一，共有 11 篇——《鸡鸣》《还》《著》《东方之日》《东方未明》《南山》《甫田》《卢令》《敝笱》《载驱》《猗嗟》。这些写齐地的诗篇，大概创作于西周初年齐国立国到春秋时期称霸的齐桓公在位期间。这段时间的齐国经历了初创时期的地位尊崇，到后来齐哀公、胡公乃至厉公的混乱动荡，再到庄（公）僖（公）逐强、桓公称霸。《齐风》中的诗篇，多数出自劳动人民之手，也有一部分可能是贵族所作，有对人们生活的描述，也有借题发挥对统治阶级劣迹进行批判的，大致上反映了齐地的状况。

《诗经》中还有一篇《甫田》，在《小雅》。另外还有《大田》。与《齐风·甫田》的不同是：《小雅·甫田》的文本中明确有"岁取十千"等表现农民赋税生活的句子。但无论如何，田地与农民总是不可分割的。中国古代是一个以农耕为经济基础的社会，周时正值"社会转型期"，土地的问题更显重要。周王朝政治大局的不稳定，使得流民（讨生活于他乡的农民）和游子（可能是宦游等）的产生都成为可能。为了生计奔波他乡，怀乡是难免的。尤其中国这个家国观念深刻、文学的抒情传统悠长的国度，远在他乡之人自然可以通过民歌形式来一抒怀念家乡、亲人之情。而并重农工商，不单纯依赖农耕，是齐国在自然资源与物质条件的现实状况下的选择。而这种选择也熔铸了包容多样的特质。

另一面"扬长"，优势启发应该多途开发产业。一是安全有保障，发展有希望。齐国地处黄河下游，华北平原的东部。齐国西境有黄河、济水两条大河。黄河作为世界著名的大河之一，在先秦时代，水量浩大，相对安流，决溢较少。以黄河当时的水深浪大和水上交通条件看，黄河、济水应该是齐国西境的一道天险。在地理上，它将齐国与现在居于华北平原上的赵、魏诸国分割成不同的地理单元。后世齐国为东方六国中最后亡于秦的国家，与这种易守难攻的地理优势有关。

二是渔盐资源丰，"三宝"促发展。古代国家强调农业为本，相对轻视工商业。齐国因为特定的情况，发展第一产业有限制，于是在其他产业上寻找出路。齐国的自然资源非常丰富，这是由齐国的地理特点决定的。其地形的多样复杂性，为各种物质资源的生成创造了良好的条件。齐国的北面是黄河、渤海。渤海一带是广阔绵延的沿海滩涂平原。齐国的南部是以泰沂山区为主的鲁中丘陵地区。地形上，齐国总的特点是呈南高北低的倾斜之状，所谓"海岱之间"，南高北低的地形特点，决定了齐国区域内的河流，均源于山丘岭表地区，呈网状辐射向北分流。这为齐国提供了丰富的原料。

在经济上，齐国"通商工之业，便鱼盐之利"，这是太公审视齐国恶劣的自然条件作出的决定。因为域内多水，就注重发展黍、稻生产。土地条件并不似鲁地那么好，就不能像鲁那样推行重农抑商的政策。因地制宜，充分利用矿藏丰富、鱼盐资源丰富的有利条件，大力发展冶炼业、丝麻纺织业、渔盐业。齐国交通便利，人民有重商传统，太公就大力发展商业，与列国进行通货贸易。在"农、工、商"并举的宏观战略指导下，齐国制造的冠带衣履畅销天下，鱼盐流通列国，齐国获得了很大发展。

太公认为："大农、大工、大商，谓之'三宝'。农一其乡则谷足，工一则乡器足，商一其乡货足。"（《六韬·文韬·六守》）水源便利、渔盐丰富是宝贵的财富。盐业的重要性不言而喻，比如汉代就有《盐铁论》专论之。渔业可以发家。桓公时，齐国已经是疆域濒临大海的东方大国，齐桓公通过"尊王攘夷"，成为春秋五霸之首，齐国被当时的人称为海王之国。《管子·海王》中，桓公曰："何谓官山海？"管子对曰："海王之国，谨正盐策。"因此，因地制宜，齐国是农业、工商业并重。也就是说，自然资源条件、劳动对象的偏重，决定了齐文化在经济上农工商并重。

齐国的商业型经济实际是一种开放性的经济。齐国依山傍海，地域辽阔，疆土最大时，南有泰山、东有琅琊、西有清河、北有渤海，地方二千里，这为多种经济的发展提供了广阔天地。由于地处沿海，齐国便有发展海上贸易的可能。海外的交流却更能开阔人们的眼界，使人们的思想更加活跃善变，不易保守。

3. 举能务实功：人文资源与社会条件下的对策

首先是有务实的取向。务实开放是齐文化的重要特征。《吕氏春秋》等载，姜太公治齐的基本方针为"尊贤尚功"，也就是尊奉贤才、任用能者，崇尚实际功绩。这与其形成的时代条件息息相关。鲁重视文化"软实力"，其存续有赖于与周的亲族关系，讲求"规范"。以儒家思想为代表，强调"礼乐"，主张与周王朝维系一体的方式。而齐文化崇尚经济、军事等"硬实力，这也为道、法、兵等诸家的繁盛奠定了基础。所谓"仓廪实而知礼节，衣食足而知荣辱"，富国必先富民，百姓的粮仓充足，丰衣足食，才能顾及礼仪，重视荣誉和耻辱。

然后是举能以强国。因为人才急需，所以要选贤举能。考察齐国的历史，对比选用贤能人才的成效。此"能"包括了各方面的人才。相比于鲁文化中"德行第一"，齐文化中各方面人才都吸收。如兵家能人，是齐人中多、鲁人中少的。又如农学方面的人才：中国古代四大农书(《氾胜之书》《齐民要术》《王祯农书》《农政全书》)中的三部诞生在齐鲁。并且，《齐民要术》作者贾思勰，北魏青州益都(今山东寿光)人；《王祯农书》作者王祯，元代东平人，都是地地道道的齐国"籍贯"。纵向看，齐国不同时代贤君能相都注意选贤举能、务实改革。顺应民俗，为政简易，对收服人心、争取人民支持有重要意义。太公就注意顺应当地民俗，不强制推行周人表面上的一些烦冗礼仪。春秋时期，管仲辅佐桓公，也曾提出"俗之所欲，因而予之；俗之所否，因而去之"(《史记·管晏列传》)的顺民主张。《管子·牧民》对此进行了更为具体的论述，总结了为政必须顺应民心的原则与经验，认为"政之所兴，在顺民心；政之所废，在逆民心"。接着，又全面列举民之好恶，并断言如从民所欲，则"远者自亲"，行民所恶，则"近者叛之"。在制定具体措施时，他们注意变革，"政不旅旧"。

姜太公"接盘"的封地，有殊为明显的优缺点。劣势是经济条件尤其是农业上的土地远不如鲁国。优势是"海岱之间"，有水利、鱼盐等条件。肩负着治理一方的重任，太公分析了封国所面临的特殊情况，为齐国制定了适合自身的国策。总之，社会资源是从劳动者的角度分析问题。太公制定的建国方针务实有效，对后世作用显著。齐国得以在群雄并立、兼并频仍的社会环境中存在八百余年，并成为春秋五霸、战国七雄之一，离不开这"最初的动力"。由此可见齐文化的开放包容。

齐国"境遇"影响取向。这是主观动机上的举措，是齐人主动的有意识的做法。这在宏观的角度看，是时代条件决定的，但微观地审视，是以开国之君姜太公和历代齐君（包括实际执政者如名相管仲、晏婴等）等构成的一个前后相继的群体，发挥了作为人的主观能动性，而作出的决策。

第一代事迹在西周初年——姜尚遇文王，立国定良策。齐国开国国君姜尚（又称姜子牙、吕尚、姜太公）本是选贤之举的受益者，而当他上位为君后又将尊贤重才奉为国策，开辟了齐国的优良风气。

子牙因才得禄。姜尚是一位"大器晚成"者，前半生郁郁不得志，直到七十多岁遇到西伯侯姬昌（后世称周文王）才否极泰来。时值殷商末期，王朝施行严刑重赋、统治暴虐，帝辛（商纣王）在位时内政不修、外兴穷兵，人民积怨渐巨，社会亟待变革。而西伯侯姬昌却励精图治、善施仁德，对于前来投奔的各方面人才都以礼相待。姜尚的才能为之赢得了被姬昌重用的机会。《史记·齐太公世家》中载，姜尚也曾因"博闻"在商朝为官，但最终由于纣王无道而离开。后来他也曾游说诸侯，却未受任用。关于姜尚被文王礼聘，不同史料中有不同说法。依《史记》，姜尚垂钓于渭水之滨时，遇到了外出狩猎的姬昌。姬昌行前曾占卜而卦辞显示他此番必得贤臣，二人巧遇后又相谈甚欢，于是姜尚被"载与俱归，立为师"。这就是后世著名的典故"渭水遇子牙"及"姜太公钓鱼"。而据东汉王逸所注《天问》等，姜尚是在做屠夫贩肉时遇到寻访贤人的姬昌。姬昌询问治国方法，子牙答曰"下屠屠牛，上屠屠国"。此言举重若轻、充满思辨，类似"庖丁解牛"，颇有深意。姜尚因此获得赏识，被请回去辅政治国。总之，无论哪种版本，两人初见时地位悬殊是无疑的，一是尊贵诸侯，一是年老布衣。而不管是寻访还是知遇，包括后世演绎的文王为子牙拉车故事的夸张描写，都是周文王重视人才的生动写照。于姜子牙而言，自身所具备的才能是他直钩垂钓却所获丰厚的资本。

太公尊贤治齐。所谓"己欲立而立人，己欲达而达人"（《论语·雍也》），先贤所见略同，将自己的立身、发达与别人联系了起来。半生寒微的姜子牙得益于周文王发现，因而拜相封侯、成就伟业，而其自己"达"后，也开始"达人"。周朝建立，姜尚被封于齐，成为一方诸侯国的国君后，将选贤举能确立为重要国策。周朝建立后，以周礼为核心建立起强调血亲宗法的制度，但过之则易陷入"任人唯亲"。姜太公以才能为评价标准的做法，一定程度上规避了周、鲁礼法的风险。基于用贤不用亲的原则，太公即使对殷商"遗民"东夷土著族也不歧视。其中人才若通过考核，他也大胆起用。姜太公不拘成规，尽可能地发挥贤能人才的积极创造性，固然是因为齐为"外戚"之国，也与他早年被作为贤人礼遇的经历分不开。推己及人，实现了良性传承。

第二代事迹在春秋时期——齐桓用管仲，春秋成霸业。齐国历经治乱盛衰，当政者的贤愚成为症结所在。国君的气度与眼光、辅臣的品质与能力，直接影响了国运。春秋雄主向来以齐桓、晋文著称，齐桓公姜小白之所以能成就霸业，与他放下个人恩怨、大度起用"仇人"分不开。

用贤处乱继君位。齐桓公即位前经历了僖公、襄公和公孙无知时期的动乱。桓公之父僖公在位时齐国曾颇强盛，《国语》称之一度"小伯（即小霸）"。但僖公在选继承人方面迷昏不清，为政局埋下祸根。他本有三子（诸儿、纠和小白），却又很宠爱侄子公孙无知，使他"衣服礼秩"等待遇都与储君接近，这助长了诸子侄的各自算计。因此僖公去世后齐国在权力交接过渡中发生巨大动荡。继位的诸儿即齐襄公荒淫昏庸、难孚众望，公孙无知发动政变杀之自立，但夺位仅一年又被刺身亡，政局混乱。公子小白听从忠直贤能的鲍叔牙的力劝，一面借机诈死蒙蔽对手，一面日夜兼程率先赶回国都，成功即位为君。在这场势均力敌的君位争夺战中，双方"智囊"辅臣起到了关键作用。而被后人盛赞智、仁、义"有三者"的鲍叔牙，为这一时期的齐桓公提供了主要智力支持。

大度纳谏得能臣。在争位冲突中，管仲作为公子纠之师，先发制人，策划并亲自实施了途中截杀小白的军事行动。尽管由于小白君臣的巧变，管仲的谋划最终落空，但管仲的才干却由此凸显。当时的鲁国大夫施伯就深知管仲的治国才能世所罕见，建议鲁君要么重用他、要么杀之以免为他国助力。后来孔子也曾对他"一匡天下"、施惠于民的功绩给予高度评价。齐桓公也并非不知管仲之才干，《管子》载，早在争位之前，他就意识到了管仲的"知"（即智），甚至因其帮助对手而打退堂鼓。问题在于立场不同，管仲从一开始就处在了对立面上。刺杀虽未成功，桓公却对管仲很痛恨，曾以"吾贼"称之。因而一朝为君、大权在握，桓公原本要杀之泄愤。幸而鲍叔牙力荐，齐桓公为"定齐之社稷"，吸纳了谏言，君臣设计假报仇之名从鲁国"抢"回了管仲。此举为齐国得到了一位能臣。

任贤改革成霸业。放下私人恩怨是大度，而"外举不避仇"则堪称大略。齐桓公为实现政治抱负，尽弃前嫌，拜管仲为相。为了便于管仲施展才干，桓公给予他超高待遇，不仅以隆重礼节选吉日、亲相迎，后来还尊之为"仲父"，地位超过了一直相随的鲍叔牙和有拥立之功的齐国贵族高氏、国氏，《韩非子》对此有形象的描绘。事实证明桓公的选择是"超值"的，管仲主政后通过"相地而衰征"等一系列改革增强了齐国经济、军事等各方面的力量，最终称霸于诸侯。齐桓公大度用管仲，成为明君贤相的千古佳话。选举贤人委以重任，是为国家计，当出于公心。按照这种逻辑，举荐或任用之人不必与自己亲近，甚至要破格起用仇雠。超越个人成见，不因私废公，才能真正实现不错过人才、英才尽为我用。

齐桓公与管仲在齐国进行了一系列的改革，贯彻了开放包容的政策。比如在社会保障方面施行"九惠之教"，也就是设置专职的官吏对全国的老人、孤寡、病残、贫困、死难家属等进行管理照顾。"九惠之教"展示了作为当时泱泱大国的齐国在体制机制上对于各类人的全面照顾。齐桓公、管仲的文化政策，对于齐初太公的方针有所调整，更加兼容并包，大大地推进了夷夏文化的融合，齐文化的包容与活力，很大程度上得益于这一时期确立的一些制度。

第三代事迹在战国时期——威王重人才，齐国再兴盛。文化传统的稳定性在于一旦某种规范被确定，即使世殊时异、人员更迭甚至政权易主，后来者往往还能坚持传承。春秋战国时代的齐国就是如此。姜太公奠定了尊贤、尚功的用人政策，后来的贤明君主大多能贯彻，即使后来姜氏失国、田氏代齐，田齐的国君威王犹能选贤任能，甚至超过了他的前辈。田齐威王在位时励精图治，礼贤重士，任用贤臣邹忌为相、田忌为将、孙膑为军师，建稷下学宫，大大增强了国力，齐国因此强盛一时。

珍视人才为宝。古籍中记载了齐威王与魏惠王的一次"比宝"。魏王在一次与威王会见时夸说拥有若干奇珍财宝，由此诘问齐王。威王遂列举了他所器重的诸臣檀子、朌子、黔夫、种首等人，分别道出各人才能，并鲜明地提出他之所以为宝与魏王有异，即以能臣为能"照千里"的宝贝的看法。这让只数列珠宝车马的魏王相形见绌，更是对人才重视的彰显。威王以人才为国家最重要的财宝，非为"装点门面"，而是切实任用、纳谏改过。淳于髡用鸟喻人，劝谏他积极有为，他陡然振奋，"一鸣惊人"。平民琴师邹忌借讲琴理谈治国方法，劝他莫要沉溺酒色歌舞，应该广招人才、发展生产、操练兵马，威王幡然悔悟，拜之为相。

善于识人用人。齐威王通过各种渠道发掘人才。宗室中人有作为，如田忌，威王用为将军；寒门士人有才能，比如出身低微且受刑貌丑的淳于髡、平民出身的邹忌、残疾人孙膑，威王也委以重任。威王整顿吏治，奖贤诛佞。他奖励了尽职尽责的即墨大夫，惩办了玩忽职守的阿城大夫。威王还信任臣下、用人不疑。在与秦国的桑丘之战中，主将匡章采用了类似于西方"特洛伊木马"的计策，让部分齐军更换旗帜标记混杂到秦军当中当内应，等待时机配合主攻部队。但很多人不明就里，近臣就多次向威王告发匡章叛变。将在外君命有所不受，威王对匡章未予猜疑，坚持让他出战，最终破敌获胜。

兴学宫招人才。齐威王千方百计选贤任能，他在位前后稷下学宫的兴建，更是泽被后世的盛举。稷下学宫延续百余年，成为广招天下贤士议政讲学的文化中心，几乎伴田齐政权始终，为之储备了大量人才。儒、墨、道、法等诸子百家汇聚于此，孟子、淳于髡、邹衍等众多名家大贤先后至此，荀子更是"最为老师"，三为学宫之长。齐威王与后来的齐君的大力支持，促进了学宫兴盛，催生著作学说、推动学术争鸣、倡导议事参政，也为齐国的发展助力甚巨。

齐国在田齐威王时再度强盛，直接得益于人才襄助。他视人才为珍宝，与姜太公以尊贤立国、齐桓公小白大度举"仇人"，都是充分认识到了人才是第一资源、得人才者得天下的道理，其虽殊途而同归。汉代刘向编纂《说苑》，其中《尊贤》卷多取齐国史实为材，正说明其影响之深远。历史由人创造，齐国在乱世历经数百年而存，并几度称霸，其初创时即确立、后世多为坚持乃至发扬的选贤举能传统发挥了极为重要的作用。

好的传统有所传承。在包容性原则下形成的齐国政治文化风气及其制度举措，从其立国之初到战国，一直被继承下来。

（二）郁郁乎文：兼容主导风格和其他要素

孔子说："周监于二代，郁郁乎文哉！吾从周。"（《论语·八佾》）也就是说孔子主张接受周代的礼仪制度是因为周代的礼仪制度是参照夏朝和商朝制订并且丰富多彩。齐鲁文化的包容性体现在，既有主导的风格，又不将其定为唯一，给予其他元素类型以空间，允许别样特征。孔子对于周代文化兼容性的认识与选择，看到周代文化的共同性与兼容性，而这种共同性是线性传承的，也就是说，兼容是一种传统。

1. 重德不轻法

齐鲁文化有鲜明的价值评判的特点，尤其重视德治。但其实齐鲁文化中并不缺少法的精神。法家的代表人物韩非本来就师从儒家的代表人物之一荀子。荀子对各家都有所批评，唯独推崇孔子的思想，认为是最好的治国理念。荀子以孔子的继承人自居。后来韩非发展了他的思想。韩非走向了法术的道路，创立了法家学说。荀子主张道德教化，韩非主张用法。齐鲁文化提供给我们的思路就是法治保障前提下德治为上。

儒家重德，这是公认的。其实儒家也不轻法。或者说儒家德法并重，崇尚文化软治理。《论语·颜渊》中记录了孔子对自己的评价和追求——"听讼，吾犹人也，必也使无讼乎"。《荀子·宥坐》中载，孔子为鲁司寇，有父子讼者，孔子拘之，三月不问。其父请止，孔子舍之。这鲜明地体现了儒家重视德治。"文化不改，然后加诛"的传统，建立在包容的前提下。

| 山东曲阜孔庙鸟瞰图

刑罚与兵战相似，都属于"硬"的手段，难免有"戾气"。因此，不主张首先使用这样的方式，而是倡导呼吁德治先行、以法为助力。有法治为保障，强调德治为上，以教化人，强化内在道德引导来实现治理，如同中医中的"治未病"，以防患于未然为目标。这也是包容原则的实践。

孟子对于现实社会中实际存在的破坏规范的行为，认为应施用刑和法的手段。德和法作为两种治理国家的方法，要兼容并用，将德治与法治相结合，才能更好地实现国家的治理和长治久安。荀子则认为在国家治理中，既要依靠礼，也要依靠法，二者缺一不可。但是荀子重视法，常常是礼义法度并提，进一步融合。

齐鲁文化的融合与古代中国礼法并用治理思想的形成是同步的。儒家认为，礼与法是治理国家社会的两个必不可少的工具。而著名的稷下学宫也在一定程度上彰显了法治思想。《管子》等文献中对于"法"的思想有较多的阐述。这部文献和此家之言也是思想包容性的重要体现。慎到、申不害、商鞅等法家先驱也都曾在稷下学宫讲学，为法家学说的繁荣作出了贡献。齐鲁文化可谓齐文化崇法重利与鲁文化重德隆礼的融合，具有法治、德礼兼重的特点。

儒家经典《礼记》中有一篇《王制》，内容涉及封国、职官、爵禄、祭祀、葬丧、刑罚、建立城邑、选拔官吏以及学校教育等方面的制度，是较早的对国家法律制度进行阐述的篇章之一，为我国古代君主治理天下的规章制度。这些都是儒家兼容德与法的体现。

2. 重夏不轻夷

先秦典籍中，如《礼记》等，对于中华民族与文明的基本面貌及一系列规矩有不少阐述。在当时人看来，中原与四方少数民族有不同的生活习惯，甚至难以相互适应。古时候住在东方的民族，人们习惯在身上刺花纹、剃光头发；住在南方的民族，人们则常常在额间刺花纹，走路时两脚的脚趾相向；在西方民族的人们，喜好散着头发，身穿用兽皮做的衣服；住在北方的民族，人们以禽兽的羽毛为衣，住在洞中。四方之人，有很多不吃熟食，或者只吃肉、不食五谷，总之与中原之人不一样。大家都各自觉得有舒适的住所、好吃的口味、合适的衣服、自己认为便利的工具、自己认为完备的器物。语言不同、爱好不一，但是当他们要表达他们的思想时，有一种懂得双方语言的人可以帮忙——这种人在东方称为寄，南方称为象，西方称为狄鞮，北方称为译。"五方"是以华夏居中，东夷、南蛮、西戎、北狄四方相配，这种天下观意味着中国的先民很早便形成了民族共同体概念。

中华民族秉持"和而不同、多元并存"，这也是很多时代政治上依据的重要原则，因此，在实际中也注意调和国家标准与地方实际、兼容主导风格和别样特征。具有进步性的体制既强调规范，又主张因地制宜。不用单一文化代替多元文化，而是由多元文化汇聚成共同文化，大多致力于化解冲突，凝聚共识。"溥天之下，莫非王土"的一统王朝中也未将特定的"国家标准"强行推广，而是考虑到现实实际，凭借包容的巨大力量实现了协调。傅斯年《夷夏东西说》认为：三代及三代前，古族有东西二系，夏与周属西系，夷与商属东系。殷周间的剧烈变革是民族代兴之故，是两个民族、两种文明之间的交替。

齐鲁文化重视民族交流的包容性倾向对于后世影响深远。秦汉以后的很多历史时期，尤其是不同民族政权并立的时期，出身齐鲁的仁人志士仍致力于民族融合和文化交流。魏晋时期出身泰山的名将羊祜以君子个人之间的"和"，促成邻邦之间和平相处，乃至两国人民得以安居。西晋建立时，蜀汉已经灭亡，只剩下东吴隔江对峙。羊祜被派往重镇襄阳进行防守，并伺机灭吴。当时，吴国大将陆抗镇守边防，与羊祜隔岸相对。陆抗也是一位德才兼备的军事家，羊祜通过西陵之战，深知陆抗的人品和能力，知道有他一日，西晋就很难灭掉东吴，于是就实施了"长期对峙、以德服众"的策略。羊祜和陆抗虽然身处两个敌对的国家，但却相互钦佩对方的品行，因此以诚相待，相互致敬。他们的军队每次交战都会约定日期，不搞突袭和偷袭等小动作。由于羊祜和陆抗之间的惺惺相惜，晋吴边境维持了十余年的平静，双方百姓因此都少受了很多兵患之苦。羊祜和陆抗身处敌对阵营，但二人均胸怀坦荡，心系百姓，堪称古之所谓君子。在双方的交战、对峙过程中，二人深深为对方高尚品行所感动。他们没有生出"瑜亮"之憾，却默契地秉持了以"和"相处、以"和"惠民的准则。"和而不同"作为一种君子素养，渗透到有见识的士大夫思想之中，不仅成就了历史上少见的敌友佳话，更是为边境带来了数十年和平，惠及千万边民。这是先贤"修齐治平"理想的实践。和为贵，懂得积极吸取不同意见，"择其善者而从之"，近可和善友朋，远可和谐环境，利国利民。

十六国时期至北魏名臣崔宏为胡拟汉号，正是践行了民族文化交流的思想。他生活在政局不稳、南北长期分治的时代。晋室南渡，北方广大地区很长时间都在各少数民族政权统治之下。崔宏曾供职于十六国之前秦、后燕，后来入仕鲜卑族人的政权北魏。北魏道武帝很器重崔宏，授他黄门侍郎，执掌机要，草创典章。他后来任吏部尚书时，总裁律令、朝仪、官制等。崔宏最大的贡献是凭借他渊博的学识，用不同于鲜卑文化的汉文化进行阐释，辅佐道武帝拟定了"魏"的国号，促进了多元文化的交流。崔宏以卓越的才学，为促使北魏统治者接受较为先进的中原文化、促进民族融合作出了积极贡献。军事力量强盛是"壮实的身躯"，而先进文化是"智慧的头脑"。文化融合，取长补短，"如虎添翼"，承继北魏法统的北周、隋后来一统南北，重新实现华夏的大一统，实际上得益于政治文化理念上的汉胡一家、美美与共。

而在东晋与北方少数民族政权并立的时期，王导和王猛这两位名臣贤相，在政治上积极整合南北方士族势力，推动胡汉文化交流互鉴，巩固了政权，造福了百姓，身体力行了"和而不同、美美与共"。文化具有多元性、多样性，其形成与各种因素有关。当不同的文化发生碰撞，要想有效发展，就有赖于恰当的引导。历史上的东晋十六国时期，是南北分治的时期，也是其后南北朝并立的前奏。尽管政权在不同的人手里，但文化却是交流互通的。如果主政者善于进行南北融合，推进文化发展，社会就趋于稳定，反之也可能出现明显的负面效果。在这百年的时间里，有很多人作出了努力和贡献。东晋初年的政治家王导与前秦政治家王猛，均出齐鲁，两人一南一北，都为文化交融、社会稳定发展作出了重要贡献。中国是一个统一的多民族国家，在这个大家庭中，不同民族之间存在一定的文化差异，生活方式也不尽相同。要做好民族工作，必须要有这种尊重差异、追求和谐的意识。尤其是民族组成复杂、文化传统多元的地区，更要特别注意不同文化的互相尊重、和睦相处。和而不同、积极交流是为政的重要理念，美美与共、和谐共生是为政的重要目标。

3. 融地域文化

孔子对于"文"和"质"有一段带有辩证色彩的论述，说："质胜文则野，文胜质则史。文质彬彬，然后君子。"（《论语·雍也》）意思大概就是质朴多于文采就会很粗野，文采多于质朴就会很虚伪。只有质朴和文采配合恰当才是君子所取的。这表达了一种理念。"质"可以说是人类先天的自然本性——没有修饰，"文"则是后天的进化修养，最终通过具体的形式呈现出来。从这种角度看，不同地方的文化起点大致是一样的——"质"，但具体的表现是"文"的不同。要求调和"质"与"文"，实际上就是地域文化的交流融合。

齐鲁文化虽是一种地域文化，但却不排斥其他地域文化。齐鲁贤人对于不同地域文化的交流作出了重要贡献。孔子对《诗经》的完善、传播和保存作出了巨大贡献，就是力证。

司马迁在《史记·孔子世家》里说，《诗三百》是孔子从流传的三千多篇古诗中精选而成的，而被删的衡定标准主要是重复、不合乎礼义准则。《诗经》是中国第一部诗歌总集，最早的记录为西周初年，最迟产生的作品为春秋时期。产生地域以黄河流域为中心，南到长江北岸。其中仅《风》就包括了十五个地方的民歌，大部分是黄河流域的民间乐歌。所谓"十五国风"，大致上涵盖了现今陕西、甘肃、山西、山东、河北、河南、安徽、湖北等地。"风"的意思是土风、风谣。这其实是一个当时各个地域文化的集合体。无论"删诗说"确否，孔子十分重视《诗经》是毋庸置疑的。《论语·阳货》记载他对儿子孔鲤的要求："小子何莫学夫诗？诗可以兴，可以观，可以群，可以怨。迩之事父，远之事君，多识于鸟兽草木之名。"又说："不学诗，无以言。"孔子一再强调了《诗经》的重要性，指出了其诸多用途，甚至认为缺了这门"课"就无法有效地进行言语表达。

齐鲁文化的人物和典籍都表现出对于不同地方文化的包容倾向。齐鲁文化被称为中原文化与东部文化的桥梁。从地域文化的角度看，齐鲁文化与中原文化、秦晋文化、燕赵文化、吴越文化、荆楚文化、巴蜀文化等相提并论，是一个独立文化体系，是先秦时期齐鲁两国所在地区的文化，诞生于黄河流域，以农耕经济为基础，是一种典型的大河农耕文明，有得天独厚的传统文化资源。齐鲁文化渊源久远，可以追溯到早期的仰韶文化、龙山文化等。齐鲁文化包含了丰富的文化元素，形成了许多具有地方特色的文化符号。这些元素不仅是齐鲁文化的重要组成部分，也为形成中华文明的包容性作出了巨大贡献。这也是其在秦汉以后由一方地域文化逐渐转化成为主流文化的原因。包容性为其提供了强大的内在动力。

在齐鲁文化形成发展的历史进程中，多元一体、毋曰不同的模式接纳了无数自觉具有认同感的族群加入。在包容与接受中，齐鲁文化担当起了某种意义上"长子"的使命，强化了中华文明多元一体的制度框架和体制规则，这是中华民族长盛不衰、中华文化持续发展的制度性动力。中华民族秉持"和而不同、多元并存"，这也是很多时代的重要政治原则。因此，在实际中也注意调和国家标准与地方实际、兼容主导风格和别样特征。具有进步性的体制，既强调规范，又主张因地制宜。不用单一文化代替多元文化，致力于化解冲突，凝聚共识，由多元文化汇聚成文化共同体。

四、百家争鸣：齐鲁文化开放包容的学术风尚

一种文化的面貌如何，在学术中也有重要的体现。所谓学术，终极目标应该是探求真理。目标虽然相同，但探寻的路径却不能强求一致，必须尊重学术个性。齐鲁为这样的探索作出了历史性的贡献，其中的代表即在公元前四世纪前后出现在中国，但在世界文明史上具有重要影响的集教育、学术于一体的思想文化中心——稷下学宫。从历史事实的角度看，稷下学宫大概并不是当时人的称谓，但无疑从学术风尚方面最为突出地体现了齐鲁文化的开放和包容。

（一）时代孕育百家

1."百家"真的有百家吗

说到文化艺术与学术研究的理想状态，人们习惯用"百花齐放"和"百家争鸣"来描述。按照汉语的习惯，这里的"百"通常并非实指，只是一种概略的表述，意思是"很多家"。所以齐放的佳卉仙葩不一定就是一百种，而争鸣的学术流派也不必正好是一百家，多半是一种"号称"。而我们所说的中国文化史上"百家争鸣"时代的百家学派，真的数起来，数量确实不少，但也有实有虚。

实际上，按照汉朝人的记录，诸家学派数得上名字的一共有189家，而他们共有4324篇著作。这是《汉书·艺文志》的记载。到后来的隋唐时期《隋书·经籍志》和清代的《四库全书总目》等书则记载"诸子百家"甚至上千家。

梁启超在他的《国学小史·诸子考》中列出了一系列有关诸子的文献材料，包括了：老子、孔子、墨子、庄周、孟子、荀子、韩非这七位代表性人物；二十一种存世子书（及其真伪情况）；儒家、道家、阴阳家、法家、名家、墨家这六家据《汉书·艺文志》可认定的流派；八大类若干名被各种文献提到的诸子；以及"六家""九流""三略"等诸子派别。

虽然总数量很多，但流传较广、影响较大、较为著名的只有十二家——只有这些才称得上"学派"。所以总数是虚的，

"家"比较笼统，超过了百数，而能当得起"子"的就数量非常有限了。

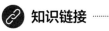

三教九流

今天，人们常以"三教九流"来形容社会中形形色色的各类人群。这个意义是由泛指各种学术思想、宗教流派和职业的意思演变而来的。所谓"三教"一般指儒教（或称"孔教""圣教"）、佛教（或称"释教"）、道教（又有不同时期的若干分支）。"九流"则指先秦至汉初的九大学术流派——儒家者流、阴阳家者流、道家者流、法家者流、农家者流、名家者流、墨家者流、纵横家者流、杂家者流。西汉时刘歆等汇录编写的一部官修目录《七略》，其中以儒、道、墨、法、名、杂、农、纵横、阴阳为"九流"，外加小说家为十家。可见，"三教"和"九流"也有交叉，并非"四书五经"这样"四书"与"五经"各有所指、互不重叠。而"三教九流"最初与"诸子百家"意思上有相似之处，具体的所指也有交叉。这里"三""九""百"等数词都是融合了确数和概数，既可以狭义地理解为能数得过来的几个，也可以广义地理解为"很多"。很多的流派学说并存共生，甚至交相辉映，共同铸造辉煌的中华文化。

2. 诸子大半出齐鲁

百家争鸣的时代与齐鲁文化长足发展几乎是同步的。在这一过程中，齐鲁文化的地位也进一步凸显出来。所谓"诸子大半出齐鲁"就是一种表现，说齐鲁成为诸子之源。齐鲁战国诸子学术的繁荣，是先秦思想学术文化臻于极盛的重要标志，而其发生、发展的中心区域即在齐鲁之地。诸子各家及其代表人物多半出于齐鲁或受齐鲁之重大影响。《汉书·艺文志》所列"诸子十家，其可观者九家"。

齐鲁多出文化巨匠。孔子、孟子与墨子都是邹、鲁之人；儒家另一位大师荀子虽为赵人，但年十五即游学于齐之稷下，学术成就于齐国；道、法两家之代表人物老子、韩非子虽不是出自齐、鲁两国，但道、法思想的产生却源出齐太公对商代伊尹思想的继承，而先秦道家的重要一派——"黄老之学"的形成与发展则主要是在齐国稷下完成的。后世法家多出秦晋，但法家与齐国的关系却源远流长，与兵家同渊源于殷周之际的兵家始祖姜太公。齐鲁是汉代经学最发达的地区，西汉的五经八师中，伏生等六人都是齐鲁大儒；东汉时设置的五经博士，齐鲁儒生占了八名。在《汉书·儒林传》中单独立目的有二十七人，齐鲁籍的有十二人。至东汉末年，齐鲁地区又出现了两位著名的大经学家，一位是今文经学大师何休，另一位是古文经学大师郑玄。东晋南朝时期流寓江南的著名士族如琅琊王氏、兰陵萧氏、高平郗氏、琅琊颜氏和泰山羊氏都来自齐鲁之乡。

齐鲁名士和先进的齐鲁文化南下，为江南地区的开发作出了巨大贡献。直至北宋，尚有"为学慕齐鲁"的称誉。魏晋之后，虽然齐鲁文化作为一种地域文化已逐渐失去其独立性，但它的基本精神依然潜移默化地发挥着作用。

具体地看，各家代表人物多数来自齐鲁。儒家本于齐鲁：齐鲁被称为孔孟之乡，儒家思想体系就是在齐鲁文化的土壤里孕育而成。孔子、曾子、子思、孟子、荀子等儒家思想大师均出于齐鲁。荀子虽为赵人，但年十五即游学于齐国稷下学宫，并曾三为稷下学宫的祭酒，"最为老师"，而且死后葬于兰陵（今山东兰陵）。墨家根在齐鲁：学派创始人墨翟一般认为是鲁国（今山东滕州）人。墨子曾习儒术，受过儒家思想影响。道家借鉴齐鲁：老子、庄子虽非齐鲁"籍贯"，但其思想文化形成发展与齐鲁文化有密切关系。庄子虽是宋人，但其里籍或认为在东明，或认为在曹县——都在齐鲁文化的辐射范围内。《庄子》中不乏引述孔子言论事迹的内容，甚至有人认为他对儒家表面上批评但实际上也不乏褒扬。而《汉书·艺文志》将商代伊尹、周代齐君姜太公等东夷之人列为道家之首，将齐国《管子》一书列入道家著作，认为老庄哲学从齐鲁先贤及其典籍著述中汲取了营养。阴阳家也自齐鲁：先秦阴阳家的著名人物邹衍等都是齐国人，盛行于齐地的阴阳家与齐国的神仙方术是后世道教的重要源头。法家也与齐鲁关系密切：虽然战国法家重要代表人物多出于秦晋，但"齐法家"管仲影响很大，而李斯与韩非两位著名的法家代表人物也师出主张礼法结合并用的儒学大师荀子。名家也来自齐鲁。《汉书·艺文志》记载的战国名家代表人物公孙龙和尹文，前者是齐人，后者在《庄子·秋水》中载"少学先王之道，长而明仁义之术"，也与儒家有学术渊源关系。先秦兵学也多出于齐文化，军事家姜尚、孙武、孙膑及司马穰苴均为齐人。

诸子百家之"达者"在齐鲁。儒、墨"显学"俱出于鲁。战国诸子之中，儒墨两家并称"显学"，儒家重教育，墨家重实务，两家弟子众多，支派林立，影响巨大。儒家之中大师如孟子、荀子，俱为中国文化巨人，另有七十二弟子，也都个个为圣贤。墨家学派尽管在秦汉之后，淡出主流显学地位，但也涌现出如公输班等中国文化史上的名人。老、庄未出现前，道家思想萌芽与齐国有更密切的关系。太公封齐，以道术治国，太公与道家关系渊源有自；同时战国道家的重要一派——稷下黄老学派的形成与发展则主要在齐国稷下学宫，齐人田骈等一大批稷下先生是这方面的代表人物。法家人物和著作中，管仲及其《管子》是

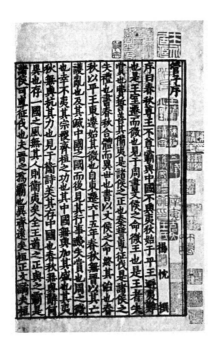

《管子》书影

代表。可见，所谓的儒、墨、道、法——后世认为诸子百家中影响最大的四家，都和齐鲁有密不可分的关系。

齐鲁诸子之学还别有特色。譬如兵学，在先秦时以齐鲁为重镇。先秦兵学最盛于齐兵学发达，是先秦文化的一大特色，其辉煌成就多为齐人所创。中国古代兵学号称有十大兵书，先秦的《六韬》《司马兵法》《孙子兵法》《孙膑兵法》皆为齐人所著。《管子》《荀子》《鲁连子》等书中也载有重要的兵学内容。齐人中的军事家，除"兵圣"孙武外，姜尚、管仲、司马穰苴、孙膑、田单等都赫赫有名。众多军事家与兵学典籍多出于齐，反映出齐国悠久的兵学传统和深厚的兵学根基，从军事文化的层面展现了齐鲁文化在先秦各地域文化中的地位。哲学家冯友兰所说的"子学时代"中活跃的各家，齐鲁占了很大的"份额"，这是事实。

3. 最坏的时代、最好的时代

所谓"百家争鸣"，是在春秋战国时期。说到这一时间段，大家的印象可能是诸侯争霸、弱肉强食、"礼崩乐坏"的时代，仿佛当时的社会一团糟。确实，这一时期周代"礼乐制度"遭到极大的破坏，已经失灵甚至无效，不能有效维系当时的社会。孔子面对"八佾舞于庭"之所以如此气愤，并不单单是因为某一家贵族僭越地使用了超标的歌舞，而是当时对国家规范公然违反的行为已经不是个例，无视甚至践踏人伦公序的做法比比皆是。

而另一面，人们又公认这一时间段创造了无与伦比的"辉煌"。两相对比，产生了有趣的反差。在诗学理论中有"国家不幸诗家幸"和"穷而后工"的说法，意思是每当国家社会环境并不安宁平静、人们生活并不和平顺利的时候，产生的文学作品反而有很高的艺术水准。

但仔细的思辨，这一时期有很多有利条件。一是经济取得较大发展，有一定的物质条件。按照科学的理论，生产力是社会发展的最终决定力量，经济基础决定了文化发展。所谓"仓廪实而知礼节"（《管子·牧民》），物质基础决定是否有精力探讨学术。二是诸侯并立，未形成思想文化专制。随着周天子"共主"地位的丧失，世守专职的宫廷文化官员纷纷走向下层或转移到列国，直接推动私家学者集团兴起。居于统治地位的地主阶级，本身政权还不巩固，他们的思想也还没有成为封建社会的统治思想，这就为诸子百家的争鸣局面出现创造了有利的条件。春秋中后期至战国时期社会的各阶级、阶层的思想家，都能够自由地著书立说和四处奔走宣传自己的思想和主张，并不受到统治思想的排挤和束缚。而一旦地主阶级统治思想确立，封建大一统的国家形成，就很难再出现春秋战国时期那样的"百家争鸣"的盛况了。三是社会阶层分化，为自身的利益各言其是。礼崩乐坏的社会大变革，将原本属于贵族最底层的士阶层从沉重的宗法制羁绊中解放出来，在社会身份上取得了独立的地位，而汲汲于争霸事业的诸侯对人才的渴求，更助长了士阶层的声势。士的崛起，意味着一个以"劳心"为务、从事精神性创造的专业文化阶层形成。战国时期养士用士之风自然发展，先秦士子以清醒的主体意识进入百家争鸣空间。而其创造性的精神劳动，从而为道术"天下裂"提供了前提条件。

社会大变革时代为各个阶级、集团的思想家们发表自己的主张如诸子学说和各种宗族家训进行"百家争鸣"提供了历史舞台；同时，变革也有赖于多种因素的契合，"百家争鸣"的出现正是社会与阶级关系在思想意识形态上的反映。"百家争鸣"的出现有其特殊的历史环境。春秋晚期与战国初期，各诸侯国先后进行了变法改革。新兴阶级利用政权的力量来改变旧的生产关系，建立新的社会秩序，从而大力推进封建化的过程。

在周代的礼乐文明秩序受到了前所未有挑战时，宽松自由的环境十分有利于思想的发展，并且礼坏乐崩的混乱局势也刺激人们进行反思，或维护传统，或突破传统，各种思想观念纷纷亮相。

时代是思想生成的土壤。英国文学家狄更斯曾在小说《双城记》中描述了 19 世纪西欧社会的复杂矛盾，并用"这是最好的时代，也是最坏的时代"来艺术地表达。某种意义上说，诸子百家的历史舞台，就架设在这样的时代。时代好不好，要辩证地看。

（二）环境容纳争鸣

学术争鸣是学术研究中的意见纷争，表现为辩论的一种

形态。这是发展科学的重要手段，也是文化繁荣的主要标志
之一。

1.有可"鸣"的学说

一种地域文化要有建树，就要有可作"惊人"之"鸣"的
学说。"鸣"是个会意字，本义是指鸟类鸣叫，在甲骨文就已
出现，从口、从鸟，口与鸟并象形字，合此二构件会鸣叫意。
《诗经》中的"凤凰鸣""鸡鸣"等用的就是本义。后来扩大引
申为表示鸟兽昆虫鸣叫，如屈原的《九歌·山鬼》中的"猿啾
啾兮又夜鸣"。"鸣"后来引申为一般的鸣响、发声。《墨子·非
儒下》之"君子若钟，击之则鸣，弗击不鸣"，"鸣"就是发出
声响。鲁国权臣季氏比周天子还富有，可是冉求仍为其聚敛财
富。因此孔子生气，甚至说冉求不是他的学生，学生们可以
"鸣鼓而攻之"，也就是大张旗鼓地去攻击他。这里的意思是使
物发声。再加引申，"鸣"的意思扩大成了人的言说、称说。
例如《庄子·德充符》中云"子以坚白鸣"，庄子指出惠子是

山东"临淄齐国故城"微缩景观模型

以"坚白"理论的诡辩而自鸣得意。

《韩非子·喻老》中写了一个楚庄王"一鸣惊人"的故事。说一种鸟"虽无飞，飞必冲天；虽无鸣，鸣必惊人。"用鸟的行为来比人。而《史记·滑稽列传》中写的是齐威王。齐威王初好淫乐，委政卿大夫，致朝政荒怠，诸侯并侵。后起而图治，赏罚分明。先后任邹忌、田婴为相，田忌为将，孙膑为军师，虚心纳谏，国力渐强。此典故表示一个人平时没有突出的表现，一下子做出惊人的成绩。而战国时田齐的齐威王，正是稷下学宫的重要建设者。

齐鲁文化对于中华文明贡献的思想学说显而易见。从百家争鸣的角度来看，以稷下学宫为代表，《管子》的形成是重要的文献成果。一般认为，《管子》是记载春秋时期齐国政治家、思想家管仲及管仲学派言行事迹的著作。《汉书·艺文志》将其列入子部道家类，而《隋书·经籍志》列入法家类。该书是先秦时期各学派的言论汇编，内容很庞杂，汇集了道、法、儒、名、兵、农、阴阳等百家之学。但其思想的主流是黄老道家思想，把道家、法家思想有机地结合起来，既为法治找到了哲学基础，又将道家思想切实地落实到了社会人事当中。

名辩思潮是此间学术争鸣的重要论题，是春秋末、战国时期在学术领域中以逻辑和认识论为内容的论辩。由于社会大变动，现实中一些混乱情况屡见不鲜，"明是非之分，审治乱之纪，处利害，决嫌疑"（《墨子·小取》），"正名"成为需要，名实之辩由此应运而生。儒、道、墨三家围绕"名"展开了辩说，前者主张"正名"，中者宣扬"无名"，而后者强调"取名予实"。另外，荀子将名辩的基本问题归结为"名、辞、辩说"三方面，大致上对先秦名辩思潮作了总结。

透过现象看本质，百家争鸣的原因是他们有共同关心的东西。时代之问是百家共同关注的生命主题，天下诸子自觉参与是百家争鸣可能兴起的基本根据，主体、理性以及思想的批判与融合，集中成为百家争鸣的公共自觉。参与争鸣的诸子百家，以思想和理论的阐释为纽带，在同一时空中就共同关注的时代问题，持续对话、讨论、交流，构建了既相互独立又相互依存的公共性。儒、墨、道、法以及阴阳、杂家等，既固守本己之一域，于学派传统之内自说自话，又以开放的态度、公开的立场，在学派之间相互对峙、争鸣。学者们努力地凭借独立执着的自洽性阐释，争取着承认——包括广泛的学者认同，更主要为得到官方采纳。"子学时代"的伟大思想家几乎无一遗漏，全部被"裹挟"进这场旷日持久的大讨论之中，恐怕以后没有哪个时代能集中如此多地位崇高的大师！

古人提出"三不朽"——立德、立功、立言，著书立说的"立言"之举是思想文化形成和传播的重要方式。有可"鸣"的学说，是百家争鸣的前提。只有形成足够分量的学术观点乃至体系，一种学问才在历史舞台中有一席之地，在学说的竞技场中有入场的资格。这是学术之必需。

2. 能容"争"的平台

战国学术文化之重心区域在于齐鲁，与齐国稷下学宫的设置有直接的关系。战国时代田齐创办了高等学府兼智库——稷下学宫。"稷"是齐国国都临淄城一处城门之名，"稷下"即稷门附近，因齐国国君在此设立学术交流平台而闻名。

齐国对于智库性学术平台的建设大概比较早。在《管子·桓公问》中有一段记载。在与齐桓公的问答中，管仲历数了从黄帝到周武王的贤行，其中都有与咨政相关的制度：黄帝建立明台的咨议制度，以便于搜集贤士的意见；尧实行衢室的询问制度；舜也有号召进谏的旌旗，彰显了征询意见的重要性；禹把谏鼓立在朝堂上；汤有总街的厅堂；周武王有灵台报告的制度。这些都是古代贤王积极汲取学人智者建议的平台。而齐桓公想要建一个相似的机构，管子建议其名为"啧室"。这大概就是齐国设立议政论政平台场所的开始，为后世的智库建设提供了参考。

稷下学宫始建于战国齐桓公田午（公元前374—前357年在位）时期，兴盛于齐威王田因齐、齐宣王田辟彊时期和齐愍王田地前期（公元前357—前284年），大概在特定战争时期如乐毅攻齐（公元前284—前279年）时暂停，而齐襄王时期（公元前279年）又有所恢复，最终随着公元前221年秦灭齐而消亡。学宫存在大约一百五十年之久，基本上与田齐政权同步存亡。稷下学宫作为一个平台，海纳百川，将春秋战国时期诸子并存、百家争鸣和思想文化大碰撞大爆发推到了高潮。田齐统治者在齐国都城临淄一带，立稷下学宫，设大夫之号，招致贤人而尊崇之，人数曾多至数千人。当时各国的学者，都从四面八方汇聚到稷下学宫，稷下诸子自由争鸣，百家理论展现稷下讲坛。这在一些古典文献中有所记载。如被称为稷下先生著作总汇的《管子》，真实地记载了当时各家学派的理论成果。

今天，说到稷下学宫，人们常常会想到大致同时期出现在西方的柏拉图学园。确实，两者有诸多相似之处——都是学术和教育的结合体，崇尚自由、平等，采用对话、论辩的方式等。但两者也有较大的差异，最大的不同在于稷下学宫是统治者设立的国办的学堂，与政治的关系密切，而柏拉图学园则是个人创办的。

诸子互攻，是因为他们的看法差距很大——甚至对立面的学说，在这里并存。诸子百家之间及其内部，经常可以看到诸子的互相批评、互相攻击，党同伐异者尤甚。争辩商榷之举起初偏于温和。如孔子门下诸生之间就有活跃的互相评论。大概是孔子的学问太大，而每个弟子学到的又有所不同，理解也存在分歧，所以在切磋中难免互有批评。但演变下去，在后世有的甚至冲突比较大。《论语·子张》中载"子游曰：'吾友张也，为难能也。然而未仁。'曾子曰：'堂堂乎张也，难与并为仁矣。'"这里还是从"仁"的高度加以要求，"能"与"未"都是高标准要求下的差距，总体上比较平和。但到了荀子《非十二子》的时候，则甚至有"俗儒""贱儒"之称了。墨子生前，很多弟子问难墨子，墨子死后，学派分裂，彼此互攻。《庄子·天下》中记载，南方之墨者，苦获、已齿、邓陵子等都学习《墨经》，但由于各自理解不同，互相称对方"别墨"，经常发生争执。儒、墨这两家"显学"的"从业者"，其争鸣情况可见一斑，正是当时学人各持己见、时常问难的写照。

尽管有不同，也有内在的"和合"。比如借助圣人之言、历史事实、譬喻的方法等，都是各家习用的方法。而能聚"百家"的政策优渥，是因为这里营造的学术生态良好。当时齐国统治者采取了十分优礼的态度，封了不少著名学者为"上大夫"，并"受上大夫之禄"，即拥有相应的爵位和俸养，允许他们"不治而议论"（《史记·田敬仲完世家》），"不任职而论国事"（《盐铁论·论儒》）。

稷下之学一开始就受到齐国统治者的支持和利用。这是因为齐国的田氏政权是取代姜氏而成立的新政权，它需要对其合理性进行辩护，以巩固统治地位。稷下学宫是举国家之力兴办，因此得到了足够的政策保障。即使在稷下学宫毁弃百年之后，《史记》中还记载着学宫的房舍建设在交通大道之上，规模宏大，极为壮观。司马迁在撰写史书时进行了多方考察，他的这番记录应该是符合事实的。由官方主办，易获得社会的认可。汉代刘向《别录》中就说，当时的谈说之士都会在较为固定的时间，集中到稷下来进行辩论研讨。可以说稷下学宫就成为当时的学术交流中心和思想争鸣平台。

一是有一定的组织性。官方给予重要的学者以地位。荀子曾多次担任"祭酒"。著名的学者淳于髡等也是一时间的领袖人物。孟子在齐宣王时期被尊"客卿",在稷下有很高的地位。汉末徐幹的《中论》中说,齐国国君设立稷下学宫,设大夫之号,招揽贤能之士并且对其非常尊崇。

二是有一定规章制度。如《管子·弟子职》记弟子事师、受业、馈馈、洒扫、执烛坐作、进退之礼,类近今之"学生守则"。这就是一份真实、完整的稷下学宫制定的第一个学生守则。这些都有力地保障了学术交流和发展。

稷下学宫作为一个广阔包容的平台,海纳百川,将春秋战国时期诸子并存、百家争鸣和思想文化大碰撞大爆发推向了高潮。稷下学宫容纳了诸多"不同"。众多的学派和学者云集于此,稷下学宫的存在,为百家争鸣开创了良好的社会环境,促进了文化繁荣。稷下学宫中各家可以和谐争论。由于主张不同,各家学者难免互相争辩、诘难,但也在交流冲突中互相借鉴吸收。总体上,各家之争统摄在和谐的大环境下。统治者给予十分优礼的态度,这是可贵的。因为在乱世,许多的人群、行业得不到保护。不少著名学者不仅有进行文化研究和学说传播的自由,还能得到一定的爵位和俸禄。在地位上的尊重,使得学者相互之间能有基本的礼节。稷下学宫的学术和政治双重性质,也保证了这种条件。从设立的目的来看,稷下学宫的最主要功能就是询议。稷下学宫是官方力量主导的,它为当时各家的不同观点汇聚一堂、各抒己见搭建了宝贵的平台。稷下学宫容纳百家之"不同",客观上是以齐威王等为代表的战国各诸侯国统治者在"为政"中追求"和"与"美"的大胆尝试，直接开启了中国历史上思想文化辉煌的"轴心时代"。其后几百年，宋代的女词人李清照还作诗《上枢密韩公工部尚书胡公》津津乐道："嫠家父祖生齐鲁，位下名高人比数。当时稷下纵谈时，犹记人挥汗成雨。"回忆璀璨的往昔，为自己生在齐鲁这样的人文胜地而自豪。

百家争鸣之中心在齐鲁。钱穆《稷下通考》一文称："扶植战国学术，使臻昌隆盛遂之境者，初推魏文，继则齐之稷下。"也就是说，战国时期的学术，最具有代表性的是魏文侯和齐国稷下学宫。但相比而言，魏文侯以"四君子"为代表的私人养士者虽然有开风气的作用，却都不具备百家争鸣的条件。

齐国都城临淄设立稷下学宫，存在时间之长、规模之大、百家学者之多、影响之深远，都难有匹敌。稷下实际成为战国时代最大的学术活动中心，也是百家争鸣的基地。郭沫若评价其在中国文化史上是有划时代的意义，并认为周秦诸子的盛况在此形成了一个高峰。此论并不夸大。

稷下学宫容纳了诸多"不同"。众多学派和学者云集于此，在兴盛期，学宫几乎容纳了当时诸子百家中的所有学派，包括道、儒、法、名、兵、农、阴阳等诸家。汇集了天下贤士多达千人，著名的如孟子、淳于髡、邹衍、田骈、慎子、申不害、接子、季真、涓子、彭蒙、尹文子、田巴、儿说、鲁连子、荀子等。在此期间，各家学说和学术著作也纷纷问世，如《管子》

《晏子春秋》《司马法》《周官》等书之编撰，都有稷下之士的参与。稷下学宫的存在，为百家争鸣开创了良好的社会环境，促进了文化繁荣。

稷下学宫中各家可以和谐争论。由于主张不同，各家学者难免互相争辩、诘难，但也在交流冲突中互相借鉴吸收。所谓独学无友、切磋有益，论证辩驳促进了文化的融会。尽管百家争鸣最大的倾向是"争"，而由于学者的地位在整体上得到尊重，其相互之间即使争论也能有基本的礼节，不失为"君子"之行。

稷下学宫是齐国君主咨询问政及学者议论国事的场所，执政者不惜财力物力，根本目的就是为了利用天下贤士的谋略智慧，为其完成富国强兵、争雄天下的政治目标服务。因为有这样的预设，学者们也能捕捉到官方的这般意志，他们更加高议阔论、竞相献策，期望自己的政治主张被执政者接受、采纳。

稷下学宫是官方力量主导的，它为当时各家的不同观点汇聚一堂、各抒己见搭建了宝贵的平台。稷下学宫容纳百家之"不同"，客观上是以齐威王等为代表的战国各诸侯国统治者在"为政"中追求"和"与"美"的大胆尝试，直接开启了中国历史上思想文化辉煌的"轴心时代"。继任者齐宣王是一个雄心勃勃的君主，他不仅决心像齐桓公那样称霸诸侯，而且还要"王天下"，即统一中国。对此，孟子看得很清楚，说他有"辟土地，朝秦楚，莅中国而抚四夷"的"大欲"（《孟子·梁惠王》）。

因此齐王致力于招抚思想家为自己所用。

和而不同是一切事物发生发展的规律，孟子说"物之不齐，物之情也"，差异性是客观存在的。虚怀若谷，重视异见，为政者方能最大程度上汲取不同角度、各个方面的有价值成分，于己可以提高修养和境界，于国可以集思广益，多取"他山之石"来"攻玉"，最终实现"美美与共"的治平大同。"和而不同，美美与共"堪称修身、为政的至高境界。懂得尊重不同、善于调和众"美"，是实现政治、文化上的协和万邦、天下大同过程中至关重要的方式。无论何时，搭建新平台，促进新的百花齐放、百家争鸣，都堪称为政者之使命。

在优渥的学术生态中，兵学也取得了发展。先秦齐鲁兵学的发达，既是齐鲁的"产出"，也是齐鲁的"硕果"。因为兵者是"诡道"，治兵学必然需要不拘一格、具备创新思维。唯有包容的文化土壤才能生长出兵学的材木。春秋战国时代历经五百余年的诸侯争霸，列国纷争，从军事哲学及实践经验上进行理论总结而成丰硕之果，首推齐国军事家。

在学说多元发展和政策鼓励包容的背景下，百家争鸣成为中国历史上一次大规模的思想解放运动，各家之间互相辩驳，取长补短，奠定了中国思想文化发展的基础。

需要注意的是，稷下学宫并没有形成诸侯创办学术平台的潮流。在此前后，各诸侯国忙于在"纵横"之间选择，无心沉稳地构建智库支持。因此，学术争鸣虽非齐鲁文化所独有，但却实为先秦文化学术上开放包容的最突出代表。

3. 不畏权的史笔

司马光的《涑水记闻》中记录了一个有趣的故事——"太祖弹雀"。写的是宋太祖有一次在后园里打鸟雀玩儿，有一位大臣说有急事要求见。宋太祖急忙召见他，却没想到他奏报的并不是什么紧急事，只是寻常小事。宋太祖有些生气，就责怪他，没想到这个大臣竟然回答说，这些事总比打鸟雀这样的事重要。皇帝在暴怒下顺手拿起手边的斧子打掉了这个大臣的两颗牙齿。大臣却慢慢地拾起牙齿放在怀里，为日后史官如实记下这件事提供佐证。太祖竟然由此而恐惧，最终用赐给这位大臣金银绵帛的方式来安慰他。——这就是史官的威力，甚至于皇帝也不得不因为顾及史书的记载而向臣下低头。无怪乎文天祥《正气歌》里专门列举"齐太史简"和"晋董狐笔"作为代表了。

"齐太史简"典故，出自《左传》。据《左传·襄公二十五年》载，齐后庄公因为行事乖张激发矛盾，被骄横的权臣崔杼所杀。尽管国君荒淫不仁，崔杼杀害他也是严重错误的、严重违背当时的礼仪规范。于是，专管记载史事的太史伯就在史书竹简上写下了"崔杼弑杀国君"的记录。崔杼大怒，就杀了太史伯，然后召来太史的二弟太史仲。然而接替了兄长记史职责的太史仲并没有屈服于权臣的淫威，仍是从容记录了"弑君"的史实，结果又被崔杼杀了。就这样，太史家的老三太史叔又被杀，但老四太史季依旧坚持如此书写。崔杼对弑君之罪很惶恐，担心被史官记录在史册上，留下千古骂名。但面对太史兄弟这种无畏强权的壮烈，他也无可奈何了，只好放弃。就在这时，齐国的另一个史官南史氏听说太史兄弟都被杀害，抱着竹简急匆匆赶来，要前赴后继，接替太史兄弟将崔杼的罪状记载史册，见太史季已经据实记载，才放心地返回。这也是成语"秉笔直书"的来历。

 知识链接 ··

晋董狐笔

春秋时期，晋国国君灵公残暴无德、昏庸无道，大臣赵盾多次劝谏无果，反而遭到晋灵公迫害。赵盾是晋国名臣，是"赵氏孤儿"赵武的祖父。晋灵公先是派人刺杀赵盾，后又准备了酒局想要借机杀之，都被赵盾侥幸逃过。无奈之下，赵盾只好逃亡。而当时在晋国担任重要军职的赵氏家族成员赵穿为替赵盾不平，鲁莽地与晋灵公发生冲突，并且杀死了灵公。当时，赵盾还没有离开晋国，闻听这一重大变故就赶紧回到了晋国。赵盾拥立新君即位，成为权倾朝野的正卿，但没有惩办杀死灵公的赵穿。这一段大事，被史官董狐记载为"赵盾弑其君"。赵盾不服气，辩解道："杀国君这事不是我干的，是赵穿啊。"董狐却说："子为正卿，亡不出境，反不讨贼，非子弑君而何?"意思是身为执政者，事情发生时又还没离开国境，有能力惩办弑君凶手而不办，这与亲自弑君是一样的。董狐这样的观点，与孔子批评弟子冉有、季路不阻止季氏伐颛臾时所说的"虎兕出于柙，龟玉毁于椟中"，在道理上是一致的。确实，孔子也很赞赏董狐这种不畏强权的做法，称之为"古之良史"。"董狐笔"后来就被用来比喻直书不讳。

一般地看，"秉笔直书"的主角，当之无愧是史官。为了维护记录历史的直书实录传统，对历史和后代负责，齐国的史官们——包括太史氏兄弟四人和南史氏——前赴后继，不畏强暴，大义凛然，不惜以身殉义，视死如归。后世也有"太史公"司马迁勇于记录史实。但从历史场域中全面地看，史官这种不畏惧政治强权的独立精神的生成背景，正是开放包容的学术风尚。因为在阶级社会里，国家就是统治的工具，本质上是凭借强制和暴力来实现统治的。国家机器的强大威慑下，很多言论可能会被抹杀，很多历史难以流传，"历史被胜利者书写"说的就是这样的道理。但中华文化中对于史书记载的敬畏，显然是骨子里文明包容性的体现。唯其能够容纳甚至鼓励不同，才有人敢于坚持不同。

诸子百家争鸣，表面上看是相互之间的攻讦为难，而暗地里却走向一定程度的互相融合。在那个时代，圣哲贤人们不约而同地选择了一条和而不同的道路。他们共同为构建人类文明的辉煌时期而努力，也共同构建了一个辉煌的时代。归根到底，是开放包容造就了这样的时代。中华文明具有突出的包容性，民族幸甚。

五、切磋琢磨：齐鲁文化开放包容的融合历程

《诗经·淇奥》中赞颂君子"如切如磋，如琢如磨"。好比加工宝玉的精密细致，德才学问的精进也有赖于从外界吸取长处、改正缺点。人是这样，文化也是，优秀文化的形成往往也在不同因子的"切磋琢磨"中实现。齐鲁文化的开放包容就是在齐文化和鲁文化的交流融合中形成。

（一）地理曾分野，交流未间断

　　齐鲁文化在齐文化和鲁文化的交流融合中逐渐形成。齐、鲁文化的交流和融合，是有条件的，也是有一个过程的。西周时期与春秋战国时期两个阶段有所差异。前者，周王朝的约束力较强，后者不然。齐鲁文化的形成发展也与之有关。地理环境、自然条件、历史传统和文化渊源，特别是治国方针的差异，造成了最初齐、鲁之分野。

1. 立国与分野

　　周王朝开国立制，大封诸侯。对于各诸侯方国来说，"名"决定"位"。那么，齐国、鲁国都是假何"名"？"名"指的是名分、称谓，形象地说，就是周天子对某一位受封者如何称呼，其实指的是受封者与周天子的关系，他的"身份"。

　　周王朝实行分封制。周天子为"天下共主"，对诸侯进行分封，齐、鲁也在其列。齐国的开国国君是太公姜尚。他被封，依靠的有三条——战功、姻亲、炎帝部落的后代。封国定策，"名"决定"位"，"身份"决定了"待遇"。而"位"又影响"为"。《左传·庄公十八年》说："王命诸侯，名位不同，礼亦异数。"齐国接受了怎样的封赏，被赋予什么样的荣誉和使命，决定了其发展方向，也对其文化的形成起到奠基性的作用。

| 齐长城遗址·西峰关

　　齐国之"位","名显实窘"。第一,明予高位、委以重任。文王时姜子牙号"太公望",聘为"太师",号称功臣谋士中的首封。也有学者考证,齐国是殷时旧国之名,周人灭商之后别立新国但是仍用其旧称。齐、鲁两个诸侯国的建立,原本就有为周王朝治理东方地区的目的。封齐、鲁于东方,是以周朝最强有力的两方诸侯来镇抚殷商势力最雄厚的东部地区。

　　第二,暗受提防、有封无赐。西周建立,姬姓"家天下"家国同构的建设中,周室从根本的信任依赖角度,显然是重宗亲、慎功臣与外戚。周王朝历来有厚同姓、薄异姓的国策。齐国受封,又让身为宗室的鲁君伯禽同驻东夷。姜太公受封在齐,是有封地、无赐与。这与鲁国获得"全副武装"的特权不可同日而语。从文献记载看，营丘本来是莱夷聚居之地，所以当太公来就国时还派兵争夺。毋宁说，姜太公的封地名义上是周王朝封的，取得了合法地位，但实际上却要靠自身的实力通过军事行动来取得的。周王朝给了太公封地，却没有为其安排好一切，这与鲁国的处境是不同的。

齐文化形成特色，与时代因素有关。文化作为一种"上层建筑"，是建立在特定的经济基础之上的。齐文化的特色也与其经济基础息息相关。而开国之时既定的治国方针的施行，又改善了经济条件，对齐国发展强大和齐文化的传播起到了积极的能动作用。

周成王赋予鲁国"郊祭文王""奏天子礼乐"的资格，不仅仅是对周公旦功劳的一种追念，更是希望作为宗邦的鲁国能够"大启尔宇，为周室辅"（《诗经·鲁颂》）。这是近距离之邦——鲁国在政治上的优势。

鲁文化是周代文明在东方的代表，或者说鲁文化体现的即典型的周代文明。鲁国作为周公长子伯禽的封国，因为与周公的特殊关系，可以享受"天子之礼乐"，这是其他诸侯国都无法企及的。据《左传·昭公二年》记载，晋国的韩宣子在鲁国观看了《易象》与《鲁春秋》之后，更是赞叹道："周礼尽在鲁矣，吾乃今知周公之德与周之所以王也。"正是这种典型的周代礼乐文明的熏染，在鲁国才涌现出了许多深谙周礼的贤人。

齐、鲁注重文化交流。齐国以霸业成为当时诸侯各国政治、文化交往的中心。齐桓公在管仲辅佐下，于春秋前期成就霸业近半个世纪。其对文化的提升在于：称霸是以主会盟、尊周室、倡礼义、伐戎狄、护中原为其主要内容。正如孔子所赞许的："桓公九合诸侯，不以兵车，管仲之力也，如其仁，如其仁！"（《论语·宪问》）其霸业成为一种备受称赞的"仁"举，主要靠的是诸侯会盟而不是武力征服或战争。从会盟的内容看，虽有政治、军事的，但主要还是文化的。管仲认为：齐桓公是"以礼与信属诸侯，……诸侯之会，其德、刑、礼、义，无国不记"（《左传·僖公七年》）。而《孟子·告天下》则记载了齐桓公葵丘会盟的一些具体条款，如要求诸侯"诛不孝""尊贤育才""尊老慈幼"等。由此，甚至可以把所谓齐桓公称霸看作是文化上的称霸。

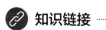

知识链接

分野

我国古人讲究仰观宇宙星辰、俯察大地山川，认为天上的星空区域与地上的地理区域可以互相对应，乃至可以产生因果关联。所谓分野，指的就是这样的一种对应。"野"，就是界限、范围的意思。古时的天文学说，把天象中星辰位置与人间社会地区界分结合了起来。不同的历史时期各有不同。先秦时期有"十二星次"分野。《国语·周语下》中有载："岁之所在，则我有周之分野也。"也就是说岁星所在的星次，则是周地的分野，岁星就是今天所说的木星。《汉书·地理志》中记载了汉代所作的十二分野，《晋书·天文志》又有不同的划分。总之，是把某星宿当作某邦国的分野，某星宿当作某州的分野，或反过来把某国当作某星宿的分野，某州当作某星宿的分野。例如《滕王阁序》中，"豫章故郡，洪都新府。星分翼轸，地接衡庐"，写的就是南昌地处翼宿、轸宿分野之内。引申开来，分野又作分界、界限等的代称，以及喻指政治、思想文化等方面的分歧、差异。

2. 冲突与交流

在不同地域政权分治的时期，不同的文化亚类原本有明显的差异，经过对立、冲突，在包容中取长补短，走向相互吸收借鉴。齐文化与鲁文化也是如此。

文明包容性形成的客观原因，是中华民族"广土巨族"，在幅员辽阔的疆土中生活着众多的民族分支。统一融合的中华文明的形成，客观上要实现的目标即在广大地理范围内容纳多民族。这在齐鲁文化中也有深刻体现。一是"广土"的自然地理环境。独特的地理环境是影响中华文明形成突出包容性的先天条件。我国具有海洋、高山、草原、荒漠等周边环境与内部幅员辽阔、地貌复杂的自然条件。二是"巨族"的民族分支状况。华夏大地上生活着差异极大的中华民族各个分支，客观上在地域乡土、血缘世系、宗教信仰等方面存在差异。长期以来"大杂居、小聚居"的格局，使其尽管各自的习俗文化有所差异，但又因相同的生活环境而趋同。

齐文化与鲁文化有明显的不同。尚功利、求革新的齐文化主要是指先秦时期齐国的文化。齐文化创始于姜太公，传至管仲而形成系统，后来由稷下齐法家进一步发展。齐国的地域特点为齐文化的形成与发展提供了客观条件；齐国经济的多样性和商业经济的发展，促进了思想的多样化和思想文化的广泛交流，而齐国政治方针具有的民主性传统及统治阶级思想的开明又进一步促进了文化的繁荣，使之发展成为一种特色鲜明的文化系统。而鲁文化主要是指先秦时期鲁国的文化。鲁国从公元前11世纪至公元前256年，历时近八百年。鲁地位于泰山以南的汶泗流域平原，是较典型的内陆河谷型环境，适于农耕。鲁国立国之君周公是周之同姓宗亲，为武王之弟，受封后得到大量宝器、典籍，而且享有奏天子礼乐的特权。加之周公自幼在制礼作乐的环境中长成，是宗法和礼乐制度培育出的王公贵族，自然就把周的礼仪、典章、制度较完整地搬到了鲁国。经济上，鲁国实行了以农为本的政策，不注重商业，主张自给自足，提倡俭朴，鲁文化一开始就具有一种农业文化的特征；政治上，鲁国谨守"周礼"，以本族和大宗为尊；文化上，注重祖宗的成法和经验，以一套积极有力的制度改造鲁地的风气，形成了以"尚古""从周"为宗旨，倾向于"述而不作"、因循守旧的特色鲜明的文化。

春秋时期齐鲁思想文化的交流主要体现在孔子的游齐和齐景公的适鲁问礼，战国时期齐鲁思想文化的交流就主要体现在

| 明版彩绘《孔子圣迹图·夹谷会齐》（孔子博物馆藏）

孟子和荀子两位儒学代表人物在稷下学宫的活动。春秋战国时期齐文化和鲁文化的良性互动与融合发展是有客观原因的。齐鲁思想文化虽然同源于东夷文化，同受周文化的影响，但由于地域的差异，特别是由于执政者对东夷文化和周文化轻重取舍的不同，这两种文化形成了不同的内涵和明显的差异。齐文化较多地吸纳东夷文化的优长，形成了重实效、崇功利、举贤才、尚法制、倡开放的品格。鲁文化更多地接受了宗周礼乐文化，并以政治力量尽力地维护与推广，形成了重道德、尚宗法的品格。这种差异恰恰造成了彼此的互补和二者交流的必要性。

（二）统一乃大势，融合是必然

在国家统一、政权唯一的时期，不同文化亚类常常能充分地进行融合。中华文明具有突出的统一性，统一性与包容性息息相关。齐文化和鲁文化本来各自为政，后来趋于合流，更在秦并六国、实现统一的历史条件下迅速实现融合。鲁国产生了以孔子为代表的儒家思想学说，齐国吸收了东夷文化并加以发展，形成了不同风格、不同流派的学术文化。有的学者认为，"齐鲁文化"有互相区别又互相联系的两层含义，广义（"齐鲁文化"）是狭义（"齐、鲁文化"）的渗透融合的产物。两种文化在发展中逐渐有机地融合，形成了具有丰富内涵的齐鲁文化。齐鲁文化就成为一个文化共同体，是一个完整的文化体系。齐鲁文化这一个从同一条母根上孕育成长起来相似相通的文化体，在秦汉以后，逐渐由地域文化演变为官方文化和主流文化，推动了中华文化的传承与发展。

▍山东曲阜孔庙"鲁壁"石碑

1. 二元趋一体

　　齐、鲁分野，各有得失。两种古老文化存在差异，相对来说，齐文化尚功利，鲁文化重伦理；齐文化讲求革新，鲁文化尊重传统。齐鲁文化中齐、鲁两种亚文化的不同，颇有代表性的为儒学与法学思想的分歧，而两家各有得失，这被先贤不幸言中。古典文献中记载了齐、鲁两位开国君主的对话：针对鲁国的政策，姜太公说，鲁国怕是要自此慢慢衰弱下去。周公由此却回应说，齐国以后恐怕也不再是吕氏（也就是姜太公的后代）做主。后来的事实被二人不幸言中，鲁国逐渐衰微终至于被灭，齐国虽然一直比较强盛但后来在内部发生政变，吕氏（姜姓）的国君地位被田氏所取代。

　　无论是齐文化，还是鲁文化，都有天然的不足。齐文化有弊端，如记载，昔太公始封，周公问"何以治齐"，太公曰"举贤而上功"，周公曰"后世必有篡杀之臣"。其后二十九世为强臣田和所灭，田和自立为齐侯。齐文化的特点是偏于直接、务实，讲求现实功效。这固然提高了效率，帮助齐国发展"硬实力"，但没有足够的"软实力"做后盾，就难免在内部出现问题。齐文化不太重视伦理秩序，没有从等级制度和宗亲关系方面施加足够的束缚，就难以有效压制"不臣之心"。姜齐没有亡于他邦，而是被自己的家臣取而代之。因为过分以"上功"标准来"尊贤"，所用之人才能通常很强，但品德方面却难以把控。所谓"有德无才会误事，有才无德会坏事"。对于统治者来说，

"萧墙之内"的威胁甚至更加可怕。

鲁文化也有弊端,《史记》等文献记载周公看到伯禽报政很迟之后感叹说:"鲁后世其北面事齐矣!夫政不简不易,民不有近。平易近民,民必归之。"颇为深刻地指出了鲁文化过度重视自上而下的层级秩序和按部就班的实施步骤,繁文缛节、华而不实,影响了普通民众的接受,最终使得统治者大大脱离了民众,动摇了群众基础。这说明齐鲁之人,乃至执政者,对于自身文化的不足是有意识的。

齐、鲁文化二元汇一的过程,大体上可以分为两个阶段。前一个阶段可以称之为"民间宣讲"时期。春秋时期,尽管齐、鲁并列,文化有别,但两邦毕竟近为邻居、山水相依,官方和民间的来往是必然的,文化交流也是不可阻断的。相比于其他邦国,齐、鲁之间的交往更为频繁,也更为深入。有时候是友好的会盟,有时候是战争和冲突,有婚姻嫁娶的"人"的交流,也有贸易往来的"物"的流通。而以孔子率一众弟子周游包括齐在内的各国的文化活动为代表,鲁文化和齐文化在融会的进程中大大推进。孔子的思想固然是以周鲁为本的,但他又非常重视齐文化。他著名的"齐一变"之言就是基于对齐文化的深入考察而得出的论断。孔子在齐国停留了多长时间,历来人们看法不一。有的观点认为孔子就在齐待了一年,但也有人考证长达八年。孔子看重齐国杰出人物,对齐之明君贤臣如桓公、管仲、晏婴等均有很高的评价,对齐国保留的礼乐也有深刻的体悟。孔子的思想中积极吸收整合了齐文化中"仁"的部分。总的来看，这一阶段在文化融合的趋势上，大体上鲁"主动"而齐"被动"，采取的主要路径是思想家个人的努力，而非官方推动的。据文献记载，晏婴并不赞成孔子学说（至少在政治实用层面上不认可），因此当齐君想任用孔子时他进言阻拦。孔子的主张没有在齐国得以实施，但客观上对齐文化产生了积极的影响，为后来齐文化积极从鲁文化中汲取营养奠定了基础。

后一阶段可以称为"官方力倡"时期。战国时代政局大变，凭借经济实力支撑的军事"硬实力"主导了发展。对于齐、鲁而言，基本情况是齐国渐强、鲁国日益衰微。"攻守之势异也"，此间文化交流的趋势是齐"主动"。在周鲁施行的伦理规范无法左右社会秩序时，儒家思想终究没有成为核心价值观，鲁国本来就不很广阔的疆土更加难以保住。齐国对鲁国攻城略地，逐步将大部分的国土兼并过来。虽然最终鲁国并非亡于齐手，但可以说其大部分的文化资源被齐国收拢了去。而战国田齐通过建设稷下学宫等平台，招揽人才、容纳百家、提倡争鸣，大力推广文化，使得齐都俨然成为当时整个华夏的文化中心。连孟子、荀子等儒家大师，也借助齐的文化平台宣扬学说、传播思想。这一阶段齐鲁文化融合借助的是国家制度层面的力量，是用"硬手段"来促进文化"软实力"提升的举措。

从地理文化概念上看，首先将齐、鲁联系起来的应该是孔子。他说："齐一变至于鲁；鲁一变至于道"（《论语·雍也》）。这是就齐、鲁两国思想文化的联系和区别而言的，还未把齐、鲁连为一个词。过了不久，他又说："齐、鲁之故，吾子何不闻焉。"（《左传·定公十年》）又进一步强调了两国文化的内在联系。但是，这里的"齐鲁"仍是国家概念，各自独立其义。到战国后期，"齐鲁"才真正组成一个词，成为含有统一文化特点的地域概念。最早把"齐鲁"作为统一地域概念使用的大概是荀子，《荀子·性恶篇》云："天非私齐鲁之民而外秦人也"，把"齐鲁"与"秦"对言，显然指出"齐鲁"和"秦"是两个地区，但"齐"与"鲁"为一体。齐鲁地区的人文与秦国地区的人文有何不同？齐鲁尚礼义，有"礼义之邦"誉称，秦则缺乏礼义文化，是其政教不同造成的，绝非因为人的本性不同。《列子·说符》中又记有"昔有昆弟三人，游齐鲁之间，同师而学，进仁义之道而归"，并且"彼三术相反，而同出于儒"。也把"齐鲁"并称，并且把齐鲁之学的精要——儒学从中提了出来。

从此之后，"齐鲁"一词便经常出现，或作为国家概念，指齐、鲁两国；或作为地域概念是指今山东地区；或作为地域文化概念指齐鲁文化范围。如《史记·儒林传》云："韩生推《诗》之意，而为内外传数万言，其语颇与齐鲁间殊。"就是说汉代生于燕郡（今北京）的韩婴作《诗》内外传（即《韩诗》），其语言和学术观点，与齐鲁地区作为今文或古文经学的《诗》论特点明显不同。于是后世中，并称"齐鲁"以代指大概今天山东地区，成为一种习惯。如《汉书·艺文志》说"汉兴，有齐鲁之说"；《晋书·范宣传》中说"讽诵之声，有若齐鲁"；北宋苏辙的诗有句"我生本西南，为学慕齐鲁"；清代吴伟业《赠苍雪诗》中也有句为"洱水与苍山，佛教之齐鲁"；等等。"齐鲁"一词，已成为较为固定的地域概念，这一概念源于齐、鲁两国，且与两国文化有许多共同特点，从而形成一个独立的地域文化圈分不开。这一方面说明，齐、鲁两国文化经过逐步融合到战国时代已初步成为一个统一的文化实体，成为天下向慕的"礼义之邦"了；另一方面作为地域概念也明确化，即指今山东地区。山东号称"齐鲁"，或简称"鲁"，就是这样形成的，其历史文化渊源深厚，所指地域范围也较为固定的。

 知识链接 ···

会盟

会盟是古代邦国之间会面、结盟的一种仪式，是诸侯之间友好合作关系的重要象征。列国纷争时代，小的国家政权为了抵御大国的侵略会联合起来，乃至结成联盟、同盟；大国也会为了扩大势力通过威逼利诱方式使小国加入自己的同盟。诸侯国之间常会举行一系列严格的结盟仪式，订立盟约。为了防止出现违背盟约的现象，在订立盟约时制作誓词，甚至设置"诅咒"这一环节——让神灵来监督。"结盟"一词大概最早出现在《后汉书·西羌传》中，但《左传》等史籍记载，早在周代，结盟活动就普遍存在了。比如春秋时期召陵之盟有两次，前一次是以齐国为首的中原诸侯国与楚国的会盟，是齐桓公称霸的重要环节；后一次则是晋国召集中原十几个诸侯国为讨伐楚国而举行的会盟。春秋时期，齐、鲁之间具有代表性的一次会盟是夹谷会盟。鲁定公十年（公元前500年），齐景公邀鲁定公在齐鲁交界的夹谷会盟，孔子在这次会盟中发挥了重要作用，在当时齐强鲁弱的格局下最大程度上维护了鲁国的利益，也为齐鲁文化融合发展作出了巨大贡献。

2. 汇聚向主流

文化的"重心"的表述，参考了自然科学的概念。而先秦时代中华文化这个整体，最为集中"力量"的就是齐鲁文化。因此，有学者将齐鲁文化比作先秦文化的"重心"之一。

相对于保守乃至"守旧"的鲁文化而言，齐人强烈的变革意识和变革性思维使得齐文化常变常新，焕发出朝气蓬勃的活力。齐文化是变革的文化、开放的文化。齐文化在长达八百多年的发展中，经历了诸多变革，变革贯穿了齐文化发展的始终。其中对齐文化影响最大的变革有四次，即西周初期的姜太公变革，春秋中期的桓公、管仲变革，春秋后期的晏婴变革，以及战国时期的齐威王变革，这是齐文化变革观的体现和实施。从中我们可以看到，齐文化变革观是如何在一次次的社会实践中逐渐形成并发展和完善的。

变革有助于制度。秦汉巨变，齐鲁走向合流，到秦汉以后儒学独尊。齐文化变革观蕴含了朴素的辩证法和唯物论思想。这为齐文化对鲁文化资源进行激活，乃至"盘活"周文化和创造性转化提供了前提。齐文化变革观是根据齐国的实际而实施的变革。齐文化的变革观是齐国社会发展的精神动力，之所以能够源远流长，就在于齐文化变革观顺应了社会的发展，具有海纳百川、兼容并举的开放思想和勇于开拓创新的变革精神，超越了时空的意义，对后世有重要影响。

两汉时期是经学的奠基时期，可以这一时期齐鲁文化与经学的关系来论证齐鲁文化在我国传统文化中的主干地位，即从两汉儒家经学传授谱系来认识齐鲁文化在我国传统文化中的主干地位。自汉武帝接受董仲舒的建议而"罢黜百家，独尊儒术"之后，对儒家经典进行整理、考订和阐释的学问便正式成为具有国家法典性质的儒家经学。于是发端于春秋时期的鲁国、发展壮大于战国时代齐鲁地区的儒家学说便由地域文化上升为主流文化，确立起其在思想学术领域的主导地位，成为我国封建帝制政治统治合法性的理论依据，成为我国古代思想文化的核心和意识形态的基础。

学者经过考证认为：两汉儒家经学的正式奠基、形成与发展壮大实际上是齐鲁文化逐步主流化的过程。西汉时期儒家经学体系的奠基工作基本上由齐鲁地区的学者完成，整个西汉时期的五经传授谱系也基本上为齐鲁学者所垄断。[①]据《史记·儒林列传》记载，汉初传授儒家五经的九位大师中有七人是齐鲁学者，另有一人虽非齐鲁学者，却是齐学的传人。《诗》学，

---

① 王志民主编：《齐鲁文化研究》总第 10 辑，泰山出版社 2011 年版，第 17—25 页。

传《诗》者共三人，其中两人出自齐鲁：鲁人申培公和齐人辕固，另有一人为燕国韩太傅。《尚书》学，汉初最早传承今文《尚书》的学者是济南（今山东章丘）人伏生，据《史记·儒林列传》和《汉书·儒林传》记载，汉代立于学官的《尚书》就是伏生壁藏、口授的这部今文《尚书》，其后的欧阳氏之学、大夏侯氏之学和小夏侯氏之学都渊源于伏生的《尚书》学。《春秋》学，传《公羊春秋》者为齐人公羊寿、胡毋生和赵人董仲舒，传《穀梁春秋》者为瑕丘（今山东兖州东北）江生（公），而董仲舒虽是赵人，但是齐人公羊寿的学生，可见董仲舒的经学出于齐学。《礼》学，西汉早期传承《礼》学的是鲁人高堂生。《易》学，汉初最早传授今文《易》学的是齐人田何。田何是《易》学史上一位承先启后的关键人物，汉代的《易》学主要是由他传承的。田何的弟子与西汉早中期的弟子及再传弟子也大都是齐人。

齐鲁文化是两汉经学的基础和主干，较之其他的地域文化占有无可比拟的重要地位。两汉时期，出自齐鲁的学者为儒学的推广、传播作出了巨大贡献，并深刻影响了其他地方的学者。无论从当时主流学术的理论渊源还是从专致于此道的人来看，齐鲁文化由地域文化上升为主流文化的必然结果，实际上是符合时代需求的，也是文化（齐鲁文化）强大生命力的显现。

不同时代，各家各派从自身阶层利益出发提出学说，诸子表达了不同诉求，客观上共同形成了百花齐放的文化繁荣面貌，反映了变革时代的社会意识。各时期，开明的统治者积极提供平台，在政策上推动了文化的繁荣、文明的进步。各个历史时期，齐鲁文化都在核心价值观的建设方面起到重要作用。

3. 包容的"气质"

中华文明是由多个发源地汇于一的文明，黄河、长江以及其他大江河在早期中华文明形成过程中起到了哺育作用。中华文明有多元且互补，齐鲁文化位于黄河下游。中华文明经历了"满天星斗"汇进一条主脉的进程。而黄河文化在中华文明起源的漫长历史时期，以中、下游文化的深度交流和融合为主体，汇聚了长江及各区域文化的先进因素，从而形成了中华文明起源的主脉。齐鲁文化正在黄河文化之脉中的文化集丛。

中华文化划分区域有多种不同的思路。其中以"六大区系"和"七大文化圈"为著名。无论六大区系还是七大文化圈，齐鲁文化都是"中国相互作用圈"中当之无愧的一支。

尽管在中华文明形成进程中，长江、黄河均发挥了至关重要的作用。但从考古佐证来看，黄河流域文明的延续性更加突出和鲜明，甚至一度将长江流域的部分文明纳入其中。因此，有学者研究认为，黄河文化在中华文明起源的漫长历史时期，以中、下游文化的深度交流和融合为主体，汇聚了长江及各区域文化的先进因素，从而形成了中华文明起源的主脉。齐鲁文化在黄河流域，具有一定的区位优势。譬如齐鲁文化有价值评判的特质优势。价值评判就好比"话语权"，一种具有价值评判特质的文化是讲究辨出个"是非""高下"的。譬如对于上古历史人物的事迹，儒家以价值取向为标准进行了甄别裁定，建构起了一系列光辉的历史人物形象，作为后世的典范。这影响了后来的《史记》等正史记载。因此人们印象中，虞舜是上古圣君、孝感天地，伊尹是名相贤臣。但如果按照《竹书纪年》的记载，上古三代充满了"放杀"的历史，如"夏启杀伯益""太甲杀伊尹""文丁杀季历""共伯和干王位"等，而从夏至东周，历代不乏血腥的政变和军事杀伐。可以说，以儒家文化为核心的齐鲁文化在建构历史时，有意识地进行了价值观建构。齐鲁文化的这种"努力"使其在后来一直占据了文化集丛中的重要位置，甚至儒家成为后世千年的思想文化核心。

据说清代山东利津籍士人岳镇南远赴南方做官，当被同僚自夸江南形胜之地是"千山千水千才子"时，机智地以"一"对"千"，脱口而出"一山一水一圣人"，来诠释齐鲁故乡。我的故乡无许多（"千"），只这三个"一"就囊括了五岳之尊的"山"、中华母亲河的"水"和孔子这样独一无二的"圣人"。20 世纪 20 年代风雨如晦的时局中，著名爱国诗人闻一多沉痛地写下一组《七子之歌》，其中的《威海卫》一篇，写到这里有"中华最古老的海""圣人的丘陵"，是"防海的健将"，这都是齐鲁之地所具有的独特资源。无论山水丘陵，还是古海、圣人，齐鲁宝地确实拥有独特的优势。

《春秋公羊传》提出了"大一统"的命题，从此成为中华文化的重要精髓。中国人历来重视、推崇统一的事业和局面。统一性是中华文明的突出特性之一。这如同一股内在驱动力，一直推动着文化朝着融会贯通的方向发展。齐鲁文化就是在这样的生态中形成的。有的学者指出：各个地域或同时或次第绽开的文明之花，逐渐发展成内容与形式各有异同的面积较小的地域文化。这些地域文化之中，只有齐鲁文化经过先秦两汉时期的发展，完成了由地域文化向主流文化的转变。其他地域文化只是作为文化的因子融入了主流文化。齐鲁文化就是在这样的生态中发展的。

"派出昆仑五色流，一支黄浊贯中州"，宋代王安石在《黄河》诗中如此写道。文化之河往往由多个支流汇聚而成，齐鲁文化亦是如此。春秋末至西汉，齐文化、鲁文化的特殊历史条件下，尤其是随着王朝的统一，经由时代重大变迁，逐渐从二元融合为一体。包容性消弭了不同与矛盾带来的紧张和不协，提供了融合发展的生态。齐鲁文化的形成，是中华文明包容性的体现。而齐鲁文化的包容性也使得其汇入中华文化主流中继续发挥重要的作用。

六、一变至于道: 齐鲁文化开放包容的
时代价值

  包括齐鲁文化在内的中华传统文化产生于过去，必然存在与当今不契合、不适应的地方，不能全盘拿来直接运用，但通过创造性转化和有效改造，可以为当今提供指导性意见和有价值的方案。有人精要地指出，中华文化是复数的文化，不是单数的文化。中华文明本身具有突出的包容性，齐鲁文化也具有鲜明的开放包容性。宏观地认识齐鲁文化，我们可以了解到，千百年来，齐鲁文化尽管或"整"或"零"，但薪尽火传，在自我发展的同时也通过不断的创造性转化，为不同时代的中华文明提供滋养，也能够为中华现代文明建设提供有益启示。

（一）开放是文明的必然选择

一般地看，"文化"和"文明"是不同的。正如人们有时评价一个人说"有文化（学历高、有知识），不文明（行为不规范、有违良俗）"。两者的不同主要在于，"文化"是使民族、区域、群体类型之间表现出差异性的东西，它表现为"自我"和特色，不同"文化"之间也没有必然严格的高低之分。"文化"似乎也比"文明"的涵盖面更大。而"文明"是使各民族、区域、群体类型之间差异性趋少的那些部分，表现为人们普遍的行为、规范和成就。换句话说，就是"文化"使各个民族不一样，"文明"使各个民族越来越接近。文明与野蛮相对，从人类社会发展的历程看，要使人类文明继续向前，就要"张开怀抱"充分吸收不同文化的有益成分，扬长补短，在不断优化中前行。从这种角度看，齐鲁文化的当代价值是突出的。

1. 齐鲁文化贡献了价值元典

齐鲁典籍卷帙浩繁，齐鲁文化在中华文明的"元典时期"即春秋战国时期占据重要地位，在后世又长期成为文化重心所在，与其独特的贡献分不开。

一方面，价值取向和理念原则是文明性塑造形成的前提，齐鲁文化为中华文明突出特性的塑造提供了丰厚的元典。一是主体担当意识、文明延续元典。中华文明成为世界上唯一没有断流的文明，与齐鲁古圣先贤前赴后继的努力分不开。孔、孟、荀诸家的经典如《论语》《孟子》《荀子》不唯为齐鲁文化的杰出代表，亦是中华文明之火传承之"薪"。前后相继的齐鲁贤哲富有文化建构的主体自觉，也为中华文明保持旺盛生命力、进而绵延不断作出了卓越贡献。二是不断进取精神、革故鼎新元典。齐鲁文化向来有不守陈旧、积极进取的传统。姜尚、管仲、墨子、鲁班等都是有典型性的例子，《管子》为最早的职业分工、《墨子》为自然科学创新与发明、《孙子兵法》为实战性创新思维等提供基础性文献。三是坚定共同信念、维护统一元典。齐鲁诸家学派对邦国一统、文明融通有许多申述。"大一统"一词即出自齐鲁典籍《公羊传》，《管子·霸言》论证了统一的必要，《孟子》宣称天下"定于一"，《墨子》高举"尚同"、提出"一同天下"。四是多元并存取向、开放包容元典。孕育于黄河下游的齐鲁文化处海岱之间，地跨夷夏、接南北，自身是融会两个亚类的成果。兼收并蓄、多元和谐成为齐鲁文化的重要品质。齐鲁文化契合了中华民族交往交流交融的实际，为中华文明包容性的塑造提供了丰厚滋养。《论语》"和而不同"、晏子学说都是对包容性带有初始性质的阐述。战国田齐稷下学宫诸子著作及其相关论述如《管子》《晏子春秋》《司马法》《周官》等书之编撰，就是中华文明包容性的重要体现。五是主流价值理念、和平合作元典。"和"是齐鲁文化最先提出的范畴，具体表现在尚和平、重合作。孔子、孟子、墨子以及兵家认识到战争的危害，主张和平。儒家以"和为贵"，孔子把"战"视为应该极其慎重对待的三件事之一。"非攻"是墨学的核心理念，有《非攻》篇专论之。即使兵家也深刻认识到战争的危害，姜太公明言"兵为凶器，不得已而用之"，孙子论兵以"伐谋"为上、而非战争。"和合"作为一种文化基因，深刻熔铸了中国人爱好和平、崇尚合作的价值理念。

另一方面，塑造中华文明突出特性是诸多文化元素中，齐鲁典籍几乎"完备"。如天下为公、天下大同的社会理想。儒家有天下观和全局的意识，齐鲁诸子中"夜郎自大""小国寡民"不是主流。又如民为邦本、为政以德的治理思想。孔子指出，"为政以德，譬如北辰，居其所而众星共之"。儒家经典《大学》强调"德"是得到人民和土地的基础，"德"的内涵进一步落实为民。又如九州共贯、多元一体的大一统传统。孔孟等都强调华夏各民族均向往统一、融合。无论哪个民族入主中原，都强调"正统"，以中华文明传承人自居。又如修齐治平、兴亡有责的家国情怀。修齐治平是儒家提出的个人提升途径，儒家强调了个人担当。又如厚德载物、明德弘道的精神追求。儒家经典《大学》对"明德"有深入集中的阐发。又如富民厚生、义利兼顾的经济伦理。儒家有"富而教之"的观念，孟子、荀子对于义利关系有重要论述，管子的经济伦理学说也有重要价值。又如天人合一、万物并育的生态理念。天人合一在齐鲁诸家中多有论述，"万物并育"出自儒家经典《中庸》。又如实事求是、知行合一的哲学思想。孔子思想中有强调认识与实践的表述，墨家等具有朴素唯物主义，践行了知行合一。又如执两用中、守中致和的思维方法。不极端化，不用单一代替多元、强求"一致"，对待不同与差别时讲求兼收并蓄。儒家经典《中庸》等就是该思维方法的元典。又如讲信修睦、亲仁善邻的交往之道。在处理内外关系上积极开明，反对封闭、狭隘，崇尚和平友好，儒家有重要表现，甚至齐鲁兵家也认识到了和平友好的可贵。众多的文化元素在齐鲁典籍几乎都能找到。这是齐鲁文化的突出贡献。

2. 中华传统文明有本质要求

正如《尚书·陈君》中言"有容，德乃大"，开放的结构是最具有扩容性的。开放成为文明的必然选择。中华文明延绵不断、博大精深，很大程度上在于对外积极的开放性。稽之往史，鲁迅先生曾指出，汉唐虽然也有边患，但魄力究竟雄大，有一种"放开度量，大胆地，无畏地，将新文化尽量地吸收"的气魄："那时我们的祖先们，对于自己的文化抱有极坚强的把握，决不轻易动摇他们的自信力；同时对于别系的文化抱有极恢廓的胸襟与极精严的抉择，决不轻易地崇拜或轻易地唾弃。"[1] 这是开放胸怀的体现，也是我们文化力量与自信的体现。

一切生命有机体都需要新陈代谢，否则生命就会停止。文

---

① 鲁迅：《看镜有感》，载《坟》，人民文学出版社1998年版，第192、194页。

明也是一样，如果长期自我封闭，必将走向衰落。中华文明具有交流互鉴的品格，中华民族交往交流交融的历史取向。中华文明有兼收并蓄的开放胸怀。中华民族历来以"天无私覆，地无私载，日月无私照"为理念，展现出海纳百川、有容乃大的胸襟，造就了中华文明求同存异、和合共生、兼收并蓄的博大气度，标识出何以中国、何以中华民族、何以中华民族共同体，为中华文明屹立在世界文明之林提供了强大支撑。

开放性内生于中华文明的起源之中。中华文明自起源与形成早期就自带相合相生的生态理念与和谐包容的人文情怀。从文化类别上看，中华文化可细分为民族文化和区域文化，其中民族性是中华文化的内核所在，华夏汉文化是中华文化的核心。中华文化是民族文化和区域文化的汇合，有如涓涓细流百川归海，正是因为有民族的和区域的文化不断汇入与融合，才使得中华文化多姿多彩、欣欣向荣。

中华文明对外开放、兼收并蓄。宗教思想的开放性使得各自之间没有"你死我活"，而是共同发展。说到中国古代思想的大派别，很多人就会脱口而出——"儒释道"（或叫儒、道、佛）。这个概括挺有道理，抓住了影响最深的三家。在我国历史上，佛教、道教没有绝对性和神圣性，所以很难看到宗教之间的激烈辩论，也不大会有相互之间非此即彼、进攻与夺取的战争。中国文化里面一个很重要的特点是"三教合一"。铸就中华文化主流的儒、释、道三家都以其特有的方式，诠释了"和为贵"的文化传统，并深深浸润于中国人的心理和行为之中。中国历史上很早就有自身所服膺的儒家思想和本土宗教，但对外来思想与宗教并不排斥，各种外来宗教和思想在中华大地上都有发展的空间，它们最终也因中国化本土化而丰富了中华民族的精神世界，融为中华文明的组成部分。

中华文明的形成，就是一个开放系统。著名的"中国相互作用圈"的概念认为在距今六千年开始，各地的文化密切交流，形成一个整体，这个整体的范围跟后来历史时期国家的核心地区重合，这是地理的重合。它们互相交流共享的因素又是后来很多重要的文明因素的开端，这是文化上的重合。最初出现时就有一个核心，就是以黄河流域为中心的，甚至是以黄河中游为中心的，被称为"中原中心"的模式。如同在一个湖中投下一个石头，有点响动，周围都会掀起一片涟漪。应该从中国作为一个政治共同体，更是作为一个文明共同体的形成过程的角度来观察。

在春秋战国时期，所谓的文明"轴心时代"，一些主要文化区都出现了一些思想的突破。中华民族共同体与中华民族的凝聚，人类命运共同体与全人类共同价值的构建，有赖于开放。与其他地域文化相比较，齐鲁文化的开放包容使之更具有生命力和"竞争力"。秦汉以后，以儒家思想为大宗的齐鲁文化演变成为中国传统文化的主流，由一种地域文化升格为主流文化，成为官方意识形态的主要组成部分。秦亡汉兴的经验教训，推动了齐鲁文化的主流化。

周秦之际，从地域文化角度考察，齐鲁文化最有意义的对比项是秦文化。其他地域文化在秦朝政权的强力之下，伴随着"书同文，车同轨"的政令而被打压。但秦一统六国，建立起统一的封建王朝，靠的是军事硬实力，但其文化在当时不显。因此，被时之著述称之为"不知礼仪"之地，也就是"未经王化"之地。没有文化软实力的支撑，秦必不能长久，于是"其亡忽焉"。

其后，汉王朝建立，其强盛更胜秦朝。但汉是代秦而兴的，在文化上必然以秦为"前朝"和批判对象，于是本来就不甚鲜明的秦文化在汉代又因为一定程度上有意无意的打击和压制而难以成器。这一历史阶段的趋势，是齐鲁文化为源头的儒家文化西渐而影响关中，原来的思想文化大幅度地被儒学取代或改造。

齐鲁文化在比较中显现出"优势"。学者胡适指出："前三世纪的晚期，秦始皇征服了六国，而齐学征服了秦始皇。"[①] 可见齐鲁文化在"败局"中赢得了"反转"。儒家文化是齐鲁文化对中华文明最大的贡献。

3. 中华文明的时代选择

当代世界是一个国家、民族之间联系更为密切的时代。构建中华现代文明，就要着眼于时代，而齐鲁文化给予我们诸多

---

① 胡适：《中国中古思想史长编》，载《胡适文集》第 6 卷，北京大学出版社 1998 年版，第 445 页。

启示。

齐鲁文化堪称中国传统文化的重要代表，这得益于其开放性。在这一历史进程中，多元一体的模式接纳了无数自觉具有认同感的族群加入中华民族大家庭。他们接受并加入了多元一体的制度框架和叙事模式，这是中华民族长盛不衰、中华文化持续发展的制度性动力。

一方面，"向内看"，从城乡文明来看，积极开放是必然选择。建设现代乡村文明是时代之所需。近年来，我国全面推进乡村振兴取得了积极成效。但"发展不平衡不充分问题在乡村最为突出"的状况仍未完全改变。较之城市，乡村的吸引力、影响力相形见绌，由乡入城人口流动的趋势尚未扭转。党的二十大报告强调，要坚持城乡融合发展。怎样有效实现城乡协调发展，让乡村赶上城市的步伐，齐鲁文化的包容特性、中华文明的发展智慧为我们启迪了思路。

开放是打破封闭保守壁垒的基本手段。传统乡村有明显的相对独立性，经济上大致能自给自足。在此基础上，乡村人口物资缺乏流动，人的观念整体上偏于陈旧保守。这与当代世界广泛联通的趋势背道而驰，严重阻碍了乡村的发展。而开放打破了壁垒。一是开放推倒了横亘于城、乡之间的"界墙"，把乡村从"围城"之中"拯救"出来，使之享有科技进步带来的福利。积极构建城乡协同发展中城市对乡村的"反哺"，客观上也带动了乡村生产要素配置的优化。二是开放又驱使乡村融入互联互通的大环境中，克服原有的"惰性"和"惯性"，激发出自身生命力。党的二十大报告提出要畅通城乡要素流动。其中，开放是首要的举措。建设乡村地区开放经济是乡村振兴的必需。让乡村与时代同频共振，随着时代的进步而获得长足发展，开放的前提不可或缺。持续深化城乡精神文明建设，建设中华民族现代文明，开放是时代的必然选择。

另一方面，"向外看"，从文明的发展角度看，开放包容也是必然选择。世界文明交流互鉴中的开放包容，是以世界眼光和战略思维兼收并蓄、博采众长。开放是一种姿态、思维；包容是一种气度、涵养。任何一种封闭保守排外的机制，都不会具有生命力，都将被历史潮流所淹没。中华文明曾经取得巨大的辉煌，长期居于世界舞台中央，引领世界文明发展。但明清以降"闭关锁国"严重阻滞了对外的文化交流，在近代以来的文化冲突中同时滋生了"自大自负"和"自轻自卑"两种对立且极端的错误态度。历史教训时刻警醒着今天的人。今天，弘扬开放包容的精神，不仅要"开眼看世界"，还要主动"走出去"融入世界，更要以海纳百川的精神尊重不同地域、不同种族在文化习俗、发展道路等方面的不同选择，进而实现共同发展繁荣。

比如，第八届尼山世界文明论坛以"人类文明多样性与人类共同价值"为主题，而中华文化一贯主张"和而不同"，在尊重文明多样性的前提下探索共同的价值理念。"和而不同"是儒家文化的重要观点。先贤对"和"的探讨基于现实。人们在认识上存在差异是很常见的，对于同一事有不同甚至截然相反的看法也非常普遍。那么如何对待差别和异见？儒家提出了卓见。

又如，文化的影响力超越时空、跨越国界，文化因交流而丰富，因交融而多彩。而好的文化作品应该为文化交流发挥应有的作用。2022 年 5 月，习近平总书记主持中央政治局第三十九次集体学习时强调指出："中华文明自古就以开放包容闻名于世，在同其他文明的交流互鉴中不断焕发新的生命力"，"要坚持弘扬平等、互鉴、对话、包容的文明观"，"以文明交流超越文明隔阂"①。在当代，我们更要积极吸收借鉴外来文明，为中华民族现代文明建设作出贡献。

"和"与"共美"的思想是包括齐鲁文化在内的中华优秀传统文化留给我们的财富。尊重文化的多样性，发现自身之美，然后发现、欣赏他人之美，再到相互欣赏、赞美，最后实现多样共存或融为有机一体。中华文明根植于和而不同的多民族文化沃土，和而不同反映了我们文化独特的价值体系，因此我们要继续秉持"和而不同"的传统理念，主张文明相处需要和而不同的精神，积极构建人类命运共同体。从自然界看，生物多样性对于生态系统生命力至关重要，而从人类社会来看，文明的进步也有赖于多种不同文化的共同作用。尊重各种文明，平等相待，互学互鉴，兼收并蓄，是崇尚和谐的中国"和"文化的必然要求。我们应懂得和而不同，追求美美与共。

---

① 习近平：《把中国文明历史研究引向深入 增强历史自觉坚定文化自信》，《求是》2022 年第 14 期。

（二）包容是发展的活力来源

　　包容性是中华文明的突出特性之一，开放包容为中华民族生生不息、历久弥新提供了不竭动力。习近平总书记深刻地指出，"中华文化认同超越地域乡土、血缘世系、宗教信仰等，把内部差异极大的广土巨族整合成多元一体的中华民族。"[1] 包容性，说到底就是在处理人与自然关系、人与他人关系、自身与外界关系时所彰显出的兼收并蓄、博采众长、贵和持中的价值理念和行为规范。

　　包容性从结构上看，不是一元存在而是容括了多元差异，不是孤立存在而是实现了互鉴融通，不是相悖存在而是形成了求同存异。在经济学中有著名的"包容性发展"理论，发展离不开包容的原则，非均衡、缺乏包容性的发展方式也是影响文化保护发展的重要原因。从生命科学的角度，包容性就像生物多样性一样，蕴藏着多种发展可能性，使文明的活力无穷。恩格斯认为，多民族汇聚的国家具有很大的优势："政治上形成的各个不同的民族大都在其内部有了一些外来成分，这些外来成分构成了同邻邦的联系环节，从而使本来过于单一呆板的民族性格丰富多彩起来。"[2] 中华民族就有这样的优势。求同存

---

[1]　习近平：《在文化传承发展座谈会上的讲话》，《求是》2023 年第 17 期。

[2]　《马克思恩格斯全集》第 21 卷，人民出版社 2003 年版，第 225 页。

异，和而不同，兼收并蓄，是"多元一体"的中华文明稳定发展、绵长延续的秘诀之一。中华文化之所以如此精彩纷呈、博大精深，就在于它兼收并蓄的包容特性。

富有包容性的文化是最有生命力的，齐鲁文化就是富有包容性的文化。从其形成发展的情况来看，齐鲁文化发展的契机与商周之际的巨大社会变革有直接关系。周灭商，从民族早期形成的关系角度看，是夷夏冲突中，处西方黄土高原的夏对东方夷的胜利；从社会变革看，则是"旧制度废而新制度兴"。在这场变革中，作为殷商东方重镇的薄姑与商奄，因其对周政权的激烈抗争而使泰山南北这两个殷商旧势力之地更显出其极端的重要性。周公东征灭奄与薄姑的胜利，为齐鲁建国向"重心"地位的发展扫除了障碍、奠定了基础。

齐鲁文化的包容性，融入传统文化整体中，贯通了中华传统文明与现代文明，对于中华民族共同体发展路向、人类命运共同体构建路径具有重要的意义、作用，为当前的发展提供了重要启示。

1. 推动中华优秀传统文化"两创"，以包容协调继承发展

对中华文明应该形成一个整体的认识，对其"多元一体"有深入了解。基于多源同归的事实，中华文明需要多元互补，有"兼收并蓄""和而不同""融会贯通"的期待——这也是齐鲁文化能发挥"主流"作用的原因。

习近平总书记对宣传思想文化工作作出重要指示，明确提

出要"着力赓续中华文脉、推动中华优秀传统文化创造性转化和创新性发展"①。"两创"贯穿了中华优秀传统文化从认识到实践的全过程。要深刻认识"创造性转化""创新性发展"的基本含义，是本体认识的必需和实践的前提。创造性转化，就是要按照时代特点和要求，对那些至今仍有借鉴价值的内涵和陈旧的表现形式加以改造，赋予其新的时代内涵和现代表达形式，激活其生命力；创新性发展，就是要按照时代的新进步新进展，对中华优秀传统文化的内涵加以补充、拓展、完善，增强其影响力和感召力。

其一，弄清理论的所以然。对于"两创"的提出与基本内涵应该弄清楚。

以长时段的历史思维来考察，"两创"的提出经历了对传统文化认识的"否定之否定"历程。以近代为界，之前是传统文化的"原生态"，其后是传统文化的"新生态"。从近代以来，人们对于传统文化的态度经历了肯定—否定—否定之否定的过程。

第一阶段是近代以来否定基调"甚嚣尘上"。近代以来，对于传统文化出现了一些偏颇倾向，甚至一度成为主调。五四时期，学术界、思想界对我国传统文化进行了不同程度的批判，提出了"打倒孔家店"的口号。例如不少学者提出"废除

---

① 《坚定文化自信秉持开放包容坚持守正创新　为全面建设社会主义现代化国家　全面推进中华民族伟大复兴提供坚强思想保证强大精神力量有利文化条件》，《人民日报》2023 年 10 月 9 日。

汉字论"，不仅把"落后挨打"的"账"算在了传统文化头上，甚至还把"道教妖言""教野蛮之汉文"当作罪魁祸首。即使今天，人们对我国传统文化仍然存在很大分歧。在探索传统文化认识的问题上，实践中出现了挫折和反复。幸而百年以来，我们党做出了不懈努力，在探索中进步。强调从当时历史条件和社会现实出发，结合实践，与时俱进、因时利用，对中华传统文化在进行反思批判、区分精华与糟粕之基础上扬弃而为用。这为"两创"的提出积累了理论上的条件。

第二阶段是新时代的检视凝定"尘埃落定"。"两创"的提出经过了升华凝定的过程。梳理其具体进程，有若干个时间节点可以把握。但从时代发展的角度归结起来，"两创"的提出：一方面是"否定"，是对近代以来我们对待传统文化认识态度的反思。一面回击来自外界的"唱衰中国"，针对文化侵略果断"亮剑"；一面又对自身的"文化自卑"进行深刻批判，坚定了文化自信。总体上，都是一种对"否定"的"否定"。另一方面是"确定"，在新时代构建具有强大生命力的文化认识论。要实现中华民族伟大复兴，文化复兴的重要性显而易见。简单地说，我们对自己优秀的传统文化，悠久辉煌的中华文明，充满了自豪自信。

以科学的方法来分析，"两创"的内涵是对传承与发展的辩证统一。通过梳理可以看出，"两创"有广义和狭义之分。广义上，"两创"指向中华文明、中华（传统）文化的整体。"两创"是什么？实际上，是"转化＋发展"。那么"两创"之间的关系怎样？这其实关注了两个问题：一是传统文化对我们当前有什么意义用处——这是针对"转化"。二是我们应该对传统文化做些什么——这是针对"发展"。这两个问题是辩证统一的。

究其原因，为什么要"两创"？正如习近平总书记明确指示的："中华优秀传统文化与社会主义市场经济、民主政治、先进文化、社会治理等还存在需要协调适应的地方。"[①] 针对这些现实需要，中华优秀传统文化要经过一系列的改造、补充、拓展和完善。这些改造、补充、拓展和完善，是针对传统文化中的不协调的一种"斗争"。也可以说，"两创"就是在推进中国特色社会主义伟大事业进程中的一项"伟大斗争"。这项斗争具有许多新的历史特点，那就是全面审视和判断国内国际两个大局发展大势，面对百年未有之大变局，为解决人民日益增长的美好生活需要和不平衡不充分的发展之间的矛盾这一当前我国社会主要矛盾，在文化领域进行的一项斗争。

其二，做好实践的着力点。对于"两创"要怎样做，应该有清晰明确的目标。

作为实践活动的主体，激发人们在认识、改造文化上的主观能动性至关重要。在客体维度上应强化目标导向。而在载体维度上要探索路径创新。着力优化这一系列既相对独立又关联

---

① 中共中央宣传部编：《习近平总书记系列重要讲话读本》（2016年版），学习出版社、人民出版社2016年版，第203页。

密切的要素，是推动中华优秀传统文化"两创"落实的保证。

要精准切入，深化阐释，明晰"两创"本体范畴。中华文化博大精深、门类丰富，这就需要全面摸清家底，针对重点突破。基于此，大型文献的整理工作裨益良多。譬如全球汉籍合璧工程致力于境外中华古籍的调查、整理与研究，对于摸清境外所藏中华古文献家底，完善存藏体系，进而实现中华优秀传统文化的完整传承有重要推进作用。又如山东紧抓孔孟之乡与儒学、稷下学宫与齐文化等独特资源，组织有针对性的研究，都是结合其地方传统文化特色资源和优势学科领域而实施的重点突破。何为创造性转化与创新性发展，怎样转化、发展，博大精深的中华传统文化具体包括哪些方面，哪些内容是应大力传承推广的优秀传统文化经典，都是推动"两创"要搞清的本体性问题。按照"四个讲清楚"的要求，辨清相关基本概念的内涵外延，厘清范畴、廓清界限、甄别高下，无疑是"两创"实践的前提。具体而言，既要找准切入点，防止"四面出击"；又应深入本质，避免"蜻蜓点水"。加大"两创"本体性阐释的力度，要自觉将马克思主义基本原理同中国具体实际相结合、同中华优秀传统文化相结合，以科学的方法来指导工作。从"中华传统文化"这个浩瀚"整体"中淬炼提取"中华优秀传统文化"的"精华部分"，有赖于专业深度的剖析和科学高度的甄别。一是基于传统的分学科基础性学术研究。借助古典哲学、文学、艺术学、医药学、体育学等学科的专业研究，发掘中华传统文化富矿，建立起基本的中华传统文化资源总库。

这样，"发展"有了主体，"转化"有了依托。二是立足当下的分层次应用性文化阐释。这是将"原料"通过"精加工"变成"产品"的过程。找出哪些是有利于涵养民族精神的思想文化，哪些是可以引导大众的民俗文化，进行符合时代要求的阐释。总之，形成对"传统文化"与"中华优秀传统文化"的"创造性转化""创新性发展"基本范畴的明晰、精准的认识，无疑是"两创"的必需。

要瞄准目标，细化层次，落实"两创"客体效益。使我国在东亚儒家文化圈中居于主动，在世界儒学传播和研究中始终保持充分话语权，是山东"两创"的总体目标。山东省发布的《山东省传承发展中华优秀传统文化工作方案》中提出，2025年基本形成本省"中华优秀传统文化传承发展体系，在中华优秀传统文化传承发展中当好排头兵"的目标。依照这一目标，要突出攻坚方向，又须兼顾多维度，谋求整体发展。突出道德建设，优先社会效益。"两创"要怎样实现、应达到什么目标，须有明确的认识。"两创"的首要目标是以文化人，提高人民道德水准。因此，激活传统文化的生命力，使优秀的传统文化深度嵌入到人民群众生产生活中去，是中华优秀传统文化创造性转化的核心目标之一。首先应注重家风建设，提升中国社会基本单元——家庭的道德文化水准，由此再进入社区和社会单位，逐步形成良好社会新风尚。还要加大教育层面的实践，将弘扬中华优秀传统文化纳入未成年人思想道德建设工作和文明校园创建测评体系。也应转化助力社会"软治理"，通过"两创"的有效开展，大力提高人民素养，坚定文化自信，改善社会风貌。强调文旅融合，兼顾经济效益。应切实推进文化与经济的业态、产品及消费的深入融合，努力实现地方独特文化资源优势向经济发展优势的转化，推动文化与经济的进一步深度融合。立足山东本省特色文化资源，深化文旅融合。深入发掘并有效利用各类文化资源，大力推进优秀传统文化与旅游的深度融合是当前的重要趋势。历史文化名人资源正是其中重要的一类，应予以足够重视。而以往在文化资源的发掘上却有失片面，常常只关注鲁籍（即籍贯为山东省内地方）的名人，对于旅鲁（非山东人但在山东生活过）的名人关注不够。譬如宋代著名文学家苏轼，曾任职、行经齐鲁，在物质文化、精神文化方面均留下了宝贵遗产。当前山东对苏轼文化资源的旅游开发以诸城为代表，但整体上仍存在区域联动不足、精神内涵融入有限、知名度不高等问题。下一步的旅游开发可从注重项目多样性、增强文化内涵、加大宣传力度等方面着手。释放文化推动发展潜力，推进建设综合性、系列性的重大工程、重大项目。深入挖掘提炼中华文化的经典元素和标准符号，将其融入城市规划、美丽乡村、景点景区建设，实现全域整体提升。

要创新方法，开拓路径，发挥"两创"载体作用。将"过去时"的传统文化与"进行时"的当前社会联系起来，载体的作用尤为凸显。因为我们今天研究传统文化，不是为了"回到过去"，而是要"服务当下"，乃至"面向未来"。但过去的文化产生于特定的历史时期，可能与当前的实际有所隔阂。让传统文化"活"过来,以当代人易于接受的方式"活"下去,是"两创"的基本任务。因此,"两创"的"创",最为集中地体现在创新方法和开拓路径上。比如探索非遗传承新模式,强调项目、人、场所、基地和保护区"五位一体",既全方位、系统式救活"老树",又护住其原生性的"土壤",最大程度上保障了产生于过去的文化样式在当代的存活,又可以让当代的人们通过新的实践对其进行发展。开发创意文化产品,使文化不再停留于空泛的纸面,表现为真实可感乃至现实可用的物质产品。开发推广文创产品、举办文化和旅游商品创新设计大赛等丰富多彩的活动,成为"两创"贴近人民群众的重要途径。凸显文化融入体验,使无形的文化在人们的参与和体验中变得生动形象,让中华文化的魅力在潜移默化中得以彰显。如在互联网上实操演示印章篆刻全程,推出先贤宅第(如邹城孟府)生活起居情景体验的亲子之旅,很好地调动了人们的积极性、参与性。遥远的文化传统因人们的亲身参与而不再陌生,悠久的传统文化借助体验找到了适合当代的发展路径。将优秀传统文化与礼仪规范、民风民俗等与文艺创作、旅游休闲相结合,使之更好地融入人们日常生活的各个环节,进而全面融入当代社会生活。中华优秀传统文化魅力无限,而文化载体丰富多彩。只要创新方法,开拓思路,博大精深的传统文化必然会焕发生机,从而实现创造性转化和创新性发展,为中华民族伟大复兴和建设中华民族现代文明贡献力量。

包容性在传统文化中的体现对于中华民族现代文明的构建

具有不可或缺的作用。文明特性一以贯之，深入、系统考察中华文明包容性的价值内涵与历史意蕴，继承与发展并举，推动中华优秀传统文化创造性转化、创新性发展，也是共同体建设的基本举措。协调"创造转化"与"创新发展"，因革损益，对于熔铸中华民族现代文明具有重要意义。

2.筑牢中华民族共同体意识，以包容凝聚人民力量

中华民族文化悠久而丰富，包容性和吸收力都很强。特殊历史时期，譬如近代中国，在接受外来文化的时候，缺乏科学的理解，未能充分利用我国传统思想文化的有利因素。影响了我国传统文化的包容性和吸收力的发挥，也就削弱了中华民族的凝聚力。

齐鲁文化作为中华文明最早的发源地之一，是孔子诞生和儒家思想产生的文化基础，也是"两千年来所有海内外华人亲近孔子、追寻思想之根、寻找精神归宿的家园"①，深入分析其丰富内涵尤其是其开放包容特性，对于筑牢中华民族共同体意识、凝聚人民力量必然能发挥更大作用。

中华文化向来以共同认可的经典、礼仪、道德、历史等来凝聚民族共同体。有学者指出，金戈铁马的攻战和腥风血雨的镇压之后，那些在马上得天下而在人口数量及文化发展均处劣

---

① 王志民：《试论齐鲁文化在增强民族凝聚力中的作用》，《中央社会主义学院学报》2007 年第 5 期。

势的统治者，大多首先拜倒在孔子脚下。他们往往从这里认识中华文明的博大精深，汲取丰富的文化营养；也往往从这里切入汉族人的精神世界，加速民族的思想文化融合，开始了政权的软实力建设。诸如加封孔子、大修孔庙、重用孔氏后裔，以对圣人的尊崇展示对中华主体文明的认同。而传统的汉人，也从他们对孔子的膜拜中，看到异族统治者对本民族文化的认同和文化一致性，从而接受统治现实，为民族文化的大融合奠定了思想基础，最终使国家的文化主体统一于以儒学为核心的中华传统文化之下。以铸牢中华民族共同体意识为主线，以包容性为前提，团结一切可以团结的力量，为实现中华民族伟大复兴提供精神伟力。包容性，生发出中华文明的博大气象，显示出不可阻挡的文明张力。

包容性原则给予诸多不同的元素、因子以存在的机会，为共同体的生成提供了基本条件。共同体"母集"中的诸多"子集"，因包容而维持了功能。中华民族共同体包含了若干个"子集"。如天下为公、天下大同的社会共同体。儒家有天下观和全局的意识，"夜郎自大""小国寡民"不是主流。又如九州共贯、多元一体的政治共同体。孔孟等都强调华夏各民族均向往统一、融合。无论哪个民族入主中原，都强调"正统"，以中华文明传承人自居。再如富民厚生、义利兼顾的经济共同体。儒家有"富而教之"的观念，孟子、荀子对于义利关系有重要论述，管子等经济伦理学说也有重要价值。再如天人合一、万物并育的生态共同体。天人合一在诸家中多有论述，万物并育出自儒家经典《中庸》。生态文明与生态共同体建设与中华民族现代文明建设相互契合。

城市和乡村尽管存在差异，但两者没有明显界线，绝非截然对立。文化根脉内在相连，城、乡之间存在天然联系，不仅可以充分融通，甚至能够在特定条件下相互转化。而开放包容为城乡融合发展提供显著效能，赋予乡村以强大的发展活力。

包容是乡村价值在现代社会中重塑的重要路径。一是"自塑"。传统的乡土社会是熟人社会，有相当程度的排外性。包容正是根除此"痼疾"的"良方"。农业农村部等部门发布政策，鼓励退休干部、退休教师、退休医生、退休技术人员、退役军人等回乡定居。此类政策的有效实施离不开包容的原则。一面是本乡人对返乡人要充分包容。退休返乡人员多是"少小离家老大回"，工作、生活等各方面习惯与故乡已经有较大差异。当地人可以"相见不相识"，但要给予充分的尊重包容。"客"的在地化过程，既在于外来人员对乡村的积极融入，也有赖于乡村给予的充分包容。包容才能留住人才，为乡村服务。另一面是返乡人也要对家乡父老充分包容。应该认识到乡村的条件不如城里、人们整体素养有待提升等客观情况，以最大的耐心和热情帮助他们。"双向"的包容，对于构建和谐的环境、促进外来文化本土化及乡村自我优化甚有裨益，有助于汇聚形成发展的合力。二是"他塑"。乡村要实现振兴，其形象要改观，必须改变长久以来人们认为乡村落后甚至歧视乡村的观念，这就更加依赖包容。对于乡村的审视，即使不能"共情"，也要足够客观。这些都需要包容。总而言之，开放包容既为经济动力系统提供理念支撑，又将异质的无序化状态有效整合为多元有序化状态，为乡村振兴赋予了巨大能量。

　　文化由人创造，也由人传承。人及其群体组织是文化活动的主体，与文化相关的部门和地方肩负主体责任。赓续中华文脉、构建中华民族共同体，有赖于设计层科学规划与执行层分工落实的结合。顶层设计层面上宏观把控，通过出台指导意见、发布工作方案等，进行"两创"的规划设计。如进行中华优秀传统文化传承发展工程重点项目的规划，针对不同区域传统文化资源进行宏观统筹和部署，为各相关地方和单位按照职责分工分解目标任务。由省级层面进行总体规划，既有助于统筹较大区域的人、财、物等各方面资源，也有利于基层市县明确主攻方向。各地区、各部门根据不同职能，突出专业侧重点，进行有针对性的落实。比如，教育部门将中华优秀传统文化纳入中小学地方课程，制定推进高校中华优秀传统文化教育工作的措施，在小学、初中和普通高中三个学段全面开设中华优秀传统文化课程。文旅部门着眼于文旅融合，深入研究文、旅之间可相互渗透、交叉汇合重组的要素，详细部署优秀传统文化与旅游产业的协同发展。各地区重视依靠政策推进"两创"，建立联席会议制度，出台实施意见。各企业强化市场导向中所承担的文化使命，多出版优秀图书，开发推出优质电视节目、纪录片。通过科学分工，各职能部门专业人干专业事，以专业化的措施来保障推进"两创"工作行之有效。各个地方则立足自身，扬长避短，突出重点，把最具有代表性的文化资源充分发掘出来、利用起来，精准发力，才能最大程度激发人的主观能动性，最终取得事半功倍的效果。

习近平总书记 2024 年 5 月在山东考察时强调，山东要担负起新时代的文化使命，在推动文化繁荣、建设文化强国、建设中华民族现代文明上积极作为。[①] 当下齐鲁文化要积极作为，需要着力探索有效的路径。

其一，"浪遏飞舟"——德法并重，崇尚文化软治理。齐鲁文化有鲜明的价值评判的特点，尤其重视德治。但其实齐鲁文化中并不缺少法的精神。法家的代表人物韩非本来就师从儒家的代表人物之一荀子。荀子对各家都有所批评，唯独推崇孔子的思想，认为是最好的治国理念。荀子以孔子的继承人自居。后来韩非发展了他的思想。韩非走向了法术的道路，创立了法家学说。荀子主张道德教化，韩非主张用法。齐鲁文化提供给我们的思路就是法治保障前提下德治为上。

其二，"百川入海"——雅俗并举，弘扬文化主旋律。《论语》中说："君子学道则爱人，小人学道则易使也。"要因材施教，有针对性地进行培养，升华高知层，引导大众层。齐鲁文化要发挥作用，引导大众文化的诸多"溪流"，走向正道，进而汇入社会主义核心价值观的"大海"中。

---

① 《以进一步全面深化改革为动力　奋力谱写中国式现代化山东篇章》，《人民日报》2024 年 5 月 25 日。

其三，"春风化雨"——以教化人，强化内在道德培育。教育是百年大计，也是培养新时代价值观的主阵地之一。齐鲁大地是中国教育肇始的胜地，孔子、孟子、荀子等都是古代杰出的教育家。孔子晚年认识到实现理想，并非用行政的手段，而是用教化，所以退修诗书。

其四，"水滴石穿"——遵循规律，磨砺文化精品。文化期待精品，粗糙的文化制品误人子弟，贻害不浅。"战战兢兢，如临深渊，如履薄冰"应该是文化事业发展应有的态度。文化的资源当然可以转化为产业，用以发展经济，但不能急功近利。因为文化的产品常常是需要打磨的，是需要"千淘万漉"的。过于"高速"和盲目跟风的产品，常常会起到反作用。

3.积极构建人类命运共同体，以包容加强文明互鉴

中华文明突出的包容性，形成了温良恭俭让、恕己及人、以德报怨等文化心理。包容特质也有助于筑牢全球文明倡议的历史根基。齐鲁文化为中华文明的包容性作出了卓越贡献。

从国家社会的角度认识，早在先秦，先贤就认为：礼让还是争夺，是治乱的标志。纷争带来社会生产力的削弱，最终影响了社会发展。"和而不同"为探求共识准备了前提。"和"原则保障了人的基本权利，使个体得以保持个性、整体能够维持多样。"和而不同"不强求表面一致，给予各种不同以存在的权利。而"同而不和"剥夺了各种不同的存在权利。孰优孰劣，显而易见。"和而不同"为探求共识提供了方案。自然界中，

多样的物种及其组合提供多元"选项"，由此形成巨大的潜在使用价值。和而不同，探索价值完善，多元并存和兼收并蓄是骨子里的文化基因，对于推动铸牢中华民族共同体意识意义重大。"共同体"理论的构建与"内生""外放"的实践，均需依赖包容性原则。

齐鲁文化作为传统文化的重要组成部分，发挥了不可替代的作用。自西汉至清末的两千余年，以孔孟为代表，以"三孔""四孟"为标志物的文化，对中华文明的发展，发挥了其他任何地方都无法企及的文化影响力。其在增强民族凝聚力、维护国家统一、弘扬传统文明中的贡献，也是其他区域难以企及的。正如钱穆说的："中国各地区的文化兴衰，也时时在转动，比较上最能长期稳定的应首推山东省。"

面对冲突，中华文明以有别于西方世界战争对抗的方式，而采取包容、柔和的姿态化解了冲突。这显然得益于中华文明独特的文化价值观——源自华夏文明奠基时期对"协和万邦"的治世追求。

和平、发展、公平、正义、民主、自由，是全人类的共同价值。中华文明博大精深，中国特色社会主义的实践为我们积累了价值探索的宝贵经验。党的二十大报告呼吁"世界各国弘扬和平、发展、公平、正义、民主、自由的全人类共同价值"[1]，为解决人类面临的共同问题提供更多更好的中国智慧、

---

[1] 《习近平著作选读》第一卷，人民出版社2023年版，第51页。

中国方案、中国力量，为人类和平与发展崇高事业作出新的更大的贡献。

要把中华优秀传统文化向周边地区乃至更辽远的地域传播，增强文明互鉴，扩大国际传播效益。在对外文化交流、文明互鉴中产生积极的国际效益亦是"两创"的重要目标。孔子和儒家文化是中华文明的重要代表，也是中华优秀传统文化"走出去"的核心资源。应充分利用好这些资源优势，构建中华优秀传统文化研究传播交流的高端平台，着力讲好中国故事，持续提升中华文化及儒家文化的国际影响力。通过中外文化比较和交流，在世界儒学研究和传播中充分保持话语权，扩大国际传播效益，使中华优秀传统文化在当代得到创新性发展。

协调"共同价值"与"文明冲突"，开放包容，积极构建人类命运共同体，倡导全人类共同价值，是我们努力的方向。破解"古今中西之争"，积极主动地学习借鉴人类创造的一切优秀文明成果。由此获得显著的"外放"效果。

和合"道""术"，包容性优化了共同体的实践路径。包容并非不问是非、不分黑白地接受，而以"道"即价值原则的契合为前提。中华文明"和而不同"是建立在"道"同的前提之上，"道不同"则"不相为谋"。包容性有助于共同体实践中抓住"道"这个根本，允许甚至鼓励"术"即具体表现的差异分歧。以"和而不同"探讨文明必然促进交流互鉴。秉持"和而不同"，重视他人的权利与需求，自然就"成人之美"，进而实现"美美与共"，即多种不同形态的美和谐共存、多样美丽。甚至可以说，真正的文明是不会冲突的，只会相互借鉴。中华文化讲求"和合""共美"，尊重文化的多样性，善于发现、欣赏他人之美，再到相互欣赏、赞美，乃至实现多样共存或融为有机一体。中华文明根植于和而不同的多民族文化沃土，和而不同反映了我们文化独特的价值体系，因此我们要继续秉持"和而不同"的传统理念，文明相处需要和而不同的精神，积极构建人类命运共同体。这是中华文明的必然要求，也必将为探索人类共同价值提供中国智慧和中国方案。

齐鲁文化是中华优秀传统文化的重要组成部分，也是塑造中华文明包容性形成的重要文化元素资源。齐、鲁两种亚文化有各自特点，也各自都有不足和缺陷，但随着不断的文化交流，最终走向融合。孔子说："齐一变至于鲁，鲁一变至于道。"（《论语·雍也》）经过了较长时间的碰撞和交汇，原来有较大差异的齐文化和鲁文化，已逐步整合成为一体化的文化类型，这就是齐鲁文化。齐鲁文化，在政治上礼法合流、经济上重农抑商、学术上兼容并蓄、教育上崇德尚义。以鲁文化的"文"和齐文化的"质"熔铸成为"文质彬彬"的更加实际、更利于治国安邦的文化。齐鲁文化最重要的成果，是促进了孔子及其儒学的诞生，孔子思想体系的形成是齐鲁文化最为核心的部分。开放性和包容性根植于中国传统的"和"和"生"的哲学。齐鲁文化在特定的条件下形成，开放包容又赋予其鲜明特质和持久生命力，为中华文明作出了卓越贡献。齐鲁文化在当代应勇做先锋，通过创造性转化和创新性发展，为中华文明

┃ 山东曲阜孔林"万古长春"坊

的发展作出新的更大贡献。

2023 年 6 月 2 日，习近平总书记在文化传承发展座谈会上的重要讲话中深刻地指出："中华文明具有突出的包容性。中华文明从来不用单一文化代替多元文化，而是由多元文化汇聚成共同文化，化解冲突，凝聚共识。中华文化认同超越地域乡土、血缘世系、宗教信仰等，把内部差异极大的广土巨族整合成多元一体的中华民族。越包容，就越是得到认同和维护，就越会绵延不断。中华文明的包容性，从根本上决定了中华民族交往交流交融的历史取向，决定了中国各宗教信仰多元并存的和谐格局，决定了中华文化对世界文明兼收并蓄的开放胸怀。"[①]并

---

① 习近平：《在文化传承发展座谈会上的讲话》，《求是》2023 年第 17 期。

且强调要"秉持开放包容":"开放包容始终是文明发展的活力来源，也是文化自信的显著标志。中华文明的博大气象，就得益于中华文化自古以来开放的姿态、包容的胸怀。秉持开放包容，就是要更加积极主动地学习借鉴人类创造的一切优秀文明成果。无论是对内提升先进文化的凝聚力感召力，还是对外增强中华文明的传播力影响力，都离不开融通中外、贯通古今。"① 开放包容，是"热情而认真"的，也是"温柔而坚定"的。孕育于海岱之间开放的格局之中，齐鲁文化的包容气质堪称与生俱来。同样从东夷文化、殷商文化以及周文化中汲取营养，两种亚文化既在时代的大势中一并前行，又不断地切磋琢磨，进行着内部的融合，最终秉持多元共生理念、以"和而不同"、兼收并蓄为风尚的文化。总而言之，齐鲁文化深蕴开放包容的禀赋气质，它古老而崭新，我们今天依然可以从中汲取启示，继往开来。

---

① 习近平：《在文化传承发展座谈会上的讲话》，《求是》2023 年第 17 期。

参考文献

《马克思恩格斯全集》第 16 卷，人民出版社 1964 年版。

中共中央文献研究室编：《十八大以来重要文献选编》中，中央文献出版社 2016 年版。

中共中央宣传部编：《习近平总书记系列重要讲话读本》（2016年版），学习出版社、人民出版社 2016 年版。

（宋）朱熹撰：《四书章句集注》，新编诸子集成本，中华书局1983 年版。

（清）朱彬撰，饶钦农点校：《礼记训纂》，中华书局 1995 年版。

（清）方玉润撰，李先耕点校：《诗经原始》，中华书局 1986 年版。

杨伯峻：《论语译注》，中华书局 2009 年版。

杨伯峻：《孟子译注》，中华书局 2016 年版。

杜泽逊主编：《尚书注疏汇校》，中华书局 2018 年版。

杨伯峻编著：《春秋左传注》（修订本），中华书局 2016 年版。

上海师范大学古籍整理研究所校点：《国语》，上海古籍出版社1998 年版。

（汉）司马迁：《史记》，点校本二十四史修订本，中华书局2014 年版。

（汉）班固：《汉书》，中华书局 1962 年版。

黎翔凤撰：《管子校注》，新编诸子集成本，中华书局 2004 年版。

吴毓江撰，孙启治点校：《墨子校注》，新编诸子集成本，中华书局 1993 年版。

（清）王先谦撰，沈啸寰、王星贤点校：《荀子集解》，新编诸子集成本，中华书局 1988 年版。

（清）郭庆藩撰，王孝鱼点校：《庄子集释》，新编诸子集成本，中华书局 1961 年版。

（清）王先慎撰，钟哲点校：《韩非子集解》，新编诸子集成本，中华书局 1998 年版。

吴则虞撰：《晏子春秋集释》，新编诸子集成本，中华书局 1962 年版。

许维遹撰：《吕氏春秋集释》，新编诸子集成本，中华书局 2009 年版。

何宁撰：《淮南子集释》，新编诸子集成本，中华书局 1998 年版。

安作璋、王志民主编：《齐鲁文化通史》（全 8 卷），中华书局 2004 年版。

袁行霈、陈进玉主编，王志民、徐振宏本卷主编：《中国地域文化通览·山东卷》，中华书局 2013 年版。

习近平：《在纪念孔子诞辰 2565 周年国际学术研讨会暨国际儒学联合会第五届会员大会开幕会上的讲话》，《人民日报》2014 年

9 月 25 日。

习近平：《把中国文明历史研究引向深入　增强历史自觉坚定文化自信》，《求是》2022 年第 14 期。

习近平：《在文化传承发展座谈会上的讲话》，《求是》2023 年第 17 期。

《坚定文化自信秉持开放包容坚持守正创新　为全面建设社会主义现代化国家　全面推进中华民族伟大复兴提供坚强思想保证强大精神力量有利文化条件》，《人民日报》2023 年 10 月 9 日。

王震中：《中国王权的诞生——兼论王权与夏商西周复合制国家结构之关系》，《中国社会科学》2016 年第 6 期。

王志民：《试论齐鲁文化在增强民族凝聚力中的作用》，《中央社会主义学院学报》2007 年第 5 期。

王志民：《从文化重心到人文圣地——齐鲁文化在中华文明发展中历史地位的演变》，《山东师范大学学报（人文社会科学版)》2012 年第 1 期。

王志民：《黄河文化主脉说——论中华文明奠基期的黄河文化》，《山东师范大学学报（社会科学版)》2022 年第 6 期。